爆款文案变现

吕白 著

图书在版编目（ＣＩＰ）数据

爆款文案变现 / 吕白著. -- 杭州：浙江教育出版社，2024.4
ISBN 978-7-5722-6569-3

Ⅰ. ①爆… Ⅱ. ①吕… Ⅲ. ①传播媒介－文书－写作 Ⅳ. ①G206.2

中国国家版本馆CIP数据核字(2023)第180327号

责任编辑 赵清刚		**美术编辑** 韩　波	
责任校对 马立改		**责任印务** 时小娟	
产品经理 李　娜		**特约编辑** 孙佳怡	

爆款文案变现
BAOKUAN WENAN BIANXIAN

吕白 著

出版发行　浙江教育出版社
　　　　　（杭州市天目山路 40 号　电话：0571-85170300-80928）
印　　刷　北京世纪恒宇印刷有限公司
开　　本　880mm×1230mm　1/32
成品尺寸　145mm×210mm
印　　张　7.5
字　　数　150 000
版　　次　2024 年 4 月第 1 版
印　　次　2024 年 4 月第 1 次印刷
标准书号　ISBN 978-7-5722-6569-3
定　　价　59.00 元

如发现印装质量问题，影响阅读，请联系 010-82069336。

序

在数字化时代,营销和传播方式日新月异,然而,文案始终是品牌营销和变现的核心。抖音、小红书等平台的兴起,更凸显了文字的重要性。文字是视频最核心的基础,也是变现的前提。无论视频平台的形式如何变化,文字始终是连接品牌、产品和受众的桥梁。

在这个充满创意和竞争的营销时代,要想获得成功,必须掌握文案的写作技巧。好的文案不仅仅是对产品卖点的陈述,更是对品牌形象的传递,体现对用户需求、消费心理等信息的把握。它可以让受众理解品牌、喜欢品牌,进而购买品牌产品,实现变现。正如著名营销专家赛斯·高汀(Seth Godin)所说:"营销并不是一种魔法,而是一门艺术。"

然而,实际操作中,创作文案却不是一件容易的事情。它需要多方面的素质,如文学修养、市场洞察力、产品理解力、情感表达能力等。同时,也需要我们不断地学习和创新,掌握新的文案风格和传播方式,以适应时代的变化和受众的需求。

本书的核心观点是,文案是变现的前提。抖音、小红书这些平台的基础是文字,文字也是视频最核心的部分。万变不离其宗。本书中,我们将探讨文案的本质、特点以及它在数字化时代的重要性。我们将分享创作文案的技巧和方法,分析行业内优秀的案例,帮助读者更好地理解文字的价值,并掌握变现的途径。

在这里,我想引用著名营销大师大卫·奥格威(David Ogilvy)的名言:"好的广告是销售的力量,而不仅仅是艺术。"这句话表达了文案的本质:它的首要目标是销售,而不仅仅是创意和艺术的表达。同样,我也相信,在数字化时代,好的文案不仅要具备艺术的魅力,更要具备实现变现的能力。

另外,我希望本书能够为文案创作人员、营销从业者和其他读者提供有用的指导,帮助你们在数字化时代更好地掌握文案的艺术和变现的方法。无论你是一个创作者,还是一个品牌管理者,本书都将为你提供实用的技巧和案例,让你更好地理解文案的核心作用,从而使作品获得更好的传播效果,获得变现价值。

在本书编写过程中,我参考了众多营销专家的经验和成功案例,其中包括赛斯·高汀、大卫·奥格威等知名营销大师。同时,我还结合了当前数字化时代的营销趋势和最新的文案创作技巧，以便为读者提供最全面、最实用的指导。

最后，我希望本书能够为广大读者带来启示和收获，让大家更好地理解文案的本质和实现变现的途径。无论你是营销从业者，还是文案创作人员，都能从本书中获得有益的知识和启示，更好地掌握文案的艺术和变现的方法。

PS：上面是 ChatGPT 完成的创作，我深深地感觉到在未来 AIGC（AI generated content）的时代，文字仍然是你和 AI 沟通的最简单的方式（从你要怎么去做一件事，到怎么向 AI 精准描述出来你想要的东西），AI 就像你的小助理一样。

如果你想做出爆款，做出变现内容，这本书应该可以帮到你。

再 PS：我对 ChatGPT 提出的写作要求是什么，才让它写出上面这些文字？

你现在是新媒体行业的顶级专家，你从写作起家，做了抖音、小红书、微信视频号等的运营，你发现原来这些平台的底层逻辑基本一致，只是从文字到了视频，所以你会感觉一切的基础都是文字，2021 年、2022 年的爆款视频传播的形态在你 2018 年写的一本文案书里已经有了答案。请你以"文案是一切的前提"为主题写一篇图书序言，大概 800 字，放一些营销大师的名言警句。

我先有了对爆款的认知、对文字的掌握，加上扎实的基本功，所以现在可以精准地提出我想要问的问题，AI 才能创作出我想要的东西。未来已来，AIGC 淘汰的不是人，而是不会用 AI 的人。

前　言

写作是这个时代最热门、最容易上手的赚钱技能

月薪 5 万元、毕业 3 个月就买房，实现这一切我只做了一件事。

在这个经济飞速发展、知识大爆炸的时代，一个毫无背景、资源的年轻人，如何才能改变现状、获得成功呢？

这个逆袭的过程很难吗？不容易，但也绝对不像你想象中的那么难。

我是吕白，出生于三线城市的普通家庭，上的是三流学校的空乘专业，没有任何拿得出手的技能和资源。

投稿被拒 30 次，一篇文章 50 元都没人要，文章最多只有 300 点击量，在公司实习还差点被劝退。在《非你莫属》的舞台求职，唯一想给我机会的老板，还只愿意每月出4 000元，这在上海连基本的生活都维持不了。

曾经都不知道自己毕业能不能找到工作的我，如今依靠写作：有多篇点击量过百万的刷屏级文章被人民网转载；策划的活动成了国家公务员考题；为电影《后来的我们》撰写海报文案；大学毕业3个月就买了房。

而实现这一系列的转变，我只用了两年时间。

在这么短的时间内，实现如此巨大的转变，相信你一定会好奇：我是如何做到的。

现在，我想将我的经历毫无保留地分享给你，希望能带给你一些启发。我一直坚信：只要你想改变现状，没基础、起点低根本不是问题。

因为我本人就是一个"学渣"，成绩不好，也不怎么喜欢看书，顶多也就读过几本网络小说，根本没什么文学素养，所以我的写作起点真的很低。

如今被学员戏称为"写作大神"的我，在写作这条路上也曾有过一段段惨痛的经历！

1. 连续30次投稿被拒，连50元稿费都赚不到

我一开始想靠写作赚钱，完全是因为自己什么也不会，又想赚点零花钱，而写作几乎没什么限制，也不需要什么特别高深的专业技能，只要你想写，随时随地，有一台电脑、一支笔就可以开始。

我还记得我的第一个工作,是给美团写推广文案,一篇50元。我当时认认真真写了4 000多字,又改了好多遍,感觉写得还可以,于是交了上去,不料却被编辑说"写的是什么玩意儿",直接没了下文。记得当时收稿人还劝我:"以后不要再去接这种兼职写作的活儿了,耽误别人的事儿。"可我那个时候根本不知道天高地厚,也不觉得自己写的东西有任何问题,还和朋友说是他们不识货。

后来,我听人说做微信公众号写手比较赚钱,于是又开始给公众号投稿。但是写了30篇,每一篇都被拒绝了,最后那个编辑实在觉得我比较可怜,就给了我100元收了其中一篇。这个时候,虽然我的自信心又受到了一些打击,但还是不相信自己写得有那么差,于是开了个人公众号,想要反击那些看不上我的作品的人,没想到结局却是被自己"啪啪"打脸。

事实证明:真的很差。写了一个月,所写文章中点击量最多的才到300,更别提靠写作赚钱了。

我彻底失去了信心,面对着电脑写完删,删完写,最后压根儿不想打开电脑,索性天天在宿舍床上躺着,无数次想放弃,感觉自己就不是写作这块料。

不料有一天,我躺在床上用手机刷知乎的帖子,无意间看到这样一句话:"大部分人的写作方法是完全错的。他们打开编辑器,新建一个空白文档,然后就开始思考第一句话该写点什么。"

我顿时从床上坐起来,心想:这说的不就是我吗?

我仔仔细细、认认真真地读完这篇文章,才发现原来我的写作有这么多问题,尤其致命的一点就是自我陶醉。每次洋洋洒洒写了几千字,完全就像记流水账似的,想到哪儿写到哪儿,和读者没有半点儿关系。我苦笑:我要是编辑,也不会收这样的稿子。

也就是在这个时候,我终于开窍了,知道了能吸引点击量的内容一定要有"自我表达"和"用户需求"之间的交集。

2. 差点被公司劝退,后来我毕业 3 个月就买了房

在写作上没有任何成功经验的我,只能从模仿别人开始。慢慢地,还真让我摸索出了一些写作上的门道。

我的文章也越写越好了,每篇稿子能拿到 300~600 元的稿费,每个月能赚到 3 000 元左右。就这样,我终于不用再向家里伸手要钱了。

而我真正靠写作实现逆袭的转折点发生在大三。通过面试后,我成了某知名新媒体团队的实习生,当时并没有意识到,这是我职业生涯的关键一步。

一开始来到这个公司的我自信满满,觉得能来这里就是对我能力的认可,自己也可以在这里大显身手。然而,很快我就发现自己根本没有机会开始写作。因为一个月以来,每次在开选题会、标题会时,我都会被同事用实力碾压,排名倒数,还因此差点被劝退。

我很沮丧，也很绝望，不知道为什么之前写文章很顺手，到这儿就完全不行了。

可如果就这么灰溜溜地走人的话，也太没面子了。我相信凡事都有套路：历年考试真题是学生的套路，棋谱是棋手的套路，算法是编程人员的套路，案例是律师的套路……于是，我沉下心来，埋头研究了全网5 000多篇刷屏级爆款文章，将它们的选题、标题、文章架构、开头、结尾一一拆解，仔细分析。

在拆解的过程中，我渐渐意识到：互联网环境下的原创写作，不同于传统的文学创作，不需要你有很高的文学天赋，有时候拼的也不是谁的文采好，它需要的仍然是套路。

爆款文章就像金子一样，是能一眼就被认出来的。

我抱着试一试的想法，结合自己总结的套路，花了2个小时写出了《偷看你朋友圈这件事，要被微信拆穿了》这篇文章。想不到，不到24小时就获得了100万以上的点击量。

而这篇文章，我不过是运用了"热点+自己总结的10个元素中的'爱情（前任）+友情'"这一组合而已。

第一炮打响之后，我更加确定：即使你是零基础，只要掌握了套路，写爆文、靠写作赚钱就不难。

之后，我还用"热点+地域+群体""热点+友情+怀旧"的公式组合，写出了点击量100万以上的文章，如《买不起iPhone 8的公务员》等，有些文章甚至被人民网转载。

而我用自己总结的金句模板中的"1213句式"为电影《后来的我们》创作文案，只花了1个小时就完成了，最终从3个候选人中脱颖而出。

我还模仿金庸在武侠小说中讲故事的套路，为燕京啤酒写广告，只打乱了时间顺序，再加上场景演绎，就完成了那篇名为《曾帮我打架的兄弟，现在和我不再联系》的文章，最终点击量300万以上，并被人民网转载，令客户非常满意。

在创作这些爆款文章的过程中，我真正意识到了套路、方法的重要性。于是我继续研究、优化这些套路、方法，并在写作过程中实践运用，屡试不爽。

最终，我总结出了自己独特的爆款文章写作套路：10个引发共鸣元素、4种戳心金句模板、4步法搞定故事……

凭借这些写作套路，一年多时间，我写出了100多篇点击量10万以上的文章、多篇点击量100万以上的文章，我甚至被同行戏称为"10万+复印机"。

我只用了8个月的时间，就把公司旗下的某公众号从0粉丝做到新榜500强，拥有近50万粉丝，推文篇篇点击量10万以上，而我自己也晋升为副主编。此公众号还获得了2017新榜年度新锐新媒体奖，成为同行的榜样。毕业3个月后，当我的同龄人还在为房租发愁时，我已经靠自己写作赚到的钱轻松买了房。

其实套路和方法都是相通的。所以即使你是零基础，只要花时间掌握了这些套路，你就有能力从0到1，运营好一个全新的公众号。

2018年国庆节前,我帮朋友运营一个只有160个粉丝的新公众号,9月30日发表第一篇文章《国庆朋友圈鄙视指南》,几小时后点击量就已经破万,最终点击量为12万。随后几十个公众号转载了这篇文章,这个新公众号不仅粉丝数涨到了2万多,广告推广也随之而来。

所以,只要你掌握了套路和方法,即使平台小、粉丝少,也一样可以写出点击量10万以上的文章,一样可以接广告。

3. 许多学员掌握了这个赚钱本领,开始改变命运

我是一个被写作改变命运的人,有时候甚至不敢相信自己最初连50元都赚不到,竟一步步靠写作走到了今天;更不敢想,我也能在写作上帮助别人,改变别人的命运。

在咨询平台"在行"上,我的咨询费是1小时上千元。很多企业也会专门来找我进行写作培训,一堂课的价格也不低。

我的写作课训练营里有个学员老张,他是一个三线城市的普通上班族,月薪4 000元,平时没事儿会写一些文章,但是投出去总是石沉大海,没有消息。

看到老张,我就像看到当初的自己一样:在没有找到正确的写作套路和方法之前,乱撞一气,四处碰壁……

在课上,我将写作的套路毫无保留地全盘托出。运用我的套路,老张将他原来的那些稿件拿来修改,10分钟就改出了一篇一

投即中的文章，赚到了写作的"第一桶金"——400元。

另外，我发现他的投稿根本没有章法，有时候甚至不看平台本身的调性就随便投过去了。我给他仔细分析了不同平台的稿件需求之后，老张终于找到了正确的投稿方式，重新有针对性地向一些微信公众号投稿，其中90%都能被选上。

后来老张还会接一些广告文案的业务，过硬的文字质量也让他在圈内小有名气，后来一篇文章的稿费就达到3000元了，每个月写个三四篇，稿费是他工资的好几倍。

老张在没有找到写作套路之前，是跟你一样的普通人，而写作让他改变了自己的命运。我的这套写作方法论，不仅让我成功赚钱、买房，还让通过复制我的方法，实现写作赚钱、改变自己人生的学员变得越来越多。

我经常对学员说：当你掌握写作的套路之后，就会发现写作是一件很简单的事情，有时候只是标题改几个字，点击量就会翻倍。

我也敢说：我总结的这套方法，跟市面上别的老师教的都不一样。

可能别的老师会给你讲100种方法，但是无法操作；而我只讲3个套路，就能让你立刻使用。

学习了金句的1种模板，你30秒就能写出让人自动转发的金句。

学习了标题的1种方法，你1分钟就能写出1个秒杀其他竞品的标题。

学习了开头的1个套路，你3分钟就能写出1个让人忍不住阅读的开头。

……

来看看我的学员上课后的经历。

王逸凡，想进军培训行业，但是写出来的招生文案比较生硬，参加培训的学员也没几个。我从内容和传播上给她一一分析，她才认清了自己的问题，之后立刻整理出不同主题的文案，发朋友圈、发公众号。现在她所做的高端女性恋爱培训课程已经到了第二期，吸引了国际优秀投资人、海内外名校的学生参加，报名人数涨了几十倍。

索菲娅，写作快两年了，但是写完后不知道文章好坏，也不知道怎么修改。跟我深聊后她才知道，无论是写作前的构思，还是写作后的修改，都有具体的方法和套路。现在她已经能够轻松地写出点击量10万以上的文章，每月光奖金就有几千元。

李妈，宝宝辅食制作钻研者，专业知识十分丰富。她开了一个公众号，想分享自己的育儿经验，教大家做辅食，但是文章的点击量、转发量一直上不去，最多也只有几千人阅读。经过我的指导，她明确了写作套路，现在她的公众号已经在同类公众号中名列前茅，经常产生点击量10万以上的文章。

这样的故事还有好多好多……

在互联网写作时代，专业选手和业余选手之间的本质区别，有时候可能就在于掌握套路的多少。

想要掌握系统的写作套路也很简单,有以下两种方法。

你可以像我一样,自己花时间去研究、摸索,拆解爆款文章,但是会耗费很长的时间,例如我就花费了两年时间。

而聪明的人会选择捷径——那就是去找到这个领域内专业的老师,跟着他们学习,轻松套用老师花费数年心血总结的写作规律和变现方法,不走弯路,立刻实现写作赚钱。

在写本书之前,书里的部分内容已经在网络发表,有20.2万人次学习,1000多条评论,而且都是五星好评。

如果你想学好写作,以后靠写作升职加薪、赚到钱,甚至让人生有一些改变,这本书就是你不错的选择!

目录

1 分钟教你玩转小红书 _01

3 个赚钱思维，让你远超 90% 的同龄人 _04

选题篇
如何打造具有爆款潜质的选题 _001

基础：快速达成 10 万以上点击量的 4 个套路 _005

进阶：稳获 10 万以上点击量的爆款文章的选题公式 _011

高级：创作 100 万以上点击量的爆款文章的 3 种方法 _026

引申：从文字到图片、海报、视频，所有刷屏级内容的秘密 _042

标题篇
如何写出高点击量的标题 _055

- 题好一半文——我们为什么要起一个好标题 _057
- 8种起标题方法，1秒内让受众忍不住点击 _065
- 好标题的标准生产流程：判断、自检与修改 _087

结构篇
如何搭建令读者欲罢不能的文章结构 _093

- 8种开头模板，快速写出勾起读者阅读欲望的开头 _095
- 4种结构模板，让读者忍不住一口气读完 _115
- 4种结尾模板，让读者忍不住点赞、评论、转发 _127

爆点篇
如何为你的文章锦上添花 _135

- 4种金句模板，让你30秒写出一个金句 _138
- 故事模板：4步搞定故事+3点完善故事+2招引爆故事 _158

变现篇
如何通过写作月入过万 _181

- 写作变现的2种基础途径 _183
- 写作变现的5种进阶途径 _190

附录
爆款文章的变与不变 _199

- 爆款文章的社会性 _200

后　记 _211

1 分钟教你玩转小红书

超级红利

如果你错过了 2015 年的微信公众号,错过了 2018 年的抖音,那么如今你千万不能再错过小红书了。

小红书正在加大投放力度。

小红书是流量竞争的洼地。

小红书是消费决策的平台。(什么意思呢?我们打开抖音,其实本质上就是为了娱乐。但小红书不一样,我们在小红书上看到的几乎都是方法论。)

女性用户为主:小红书上 70%~80% 的用户都是一、二线城市的优秀女性。

小红书平台更喜欢中长型视频。

小红书 6 个涨粉秘籍

1. 理解小红书的推荐机制

我当年做平台，就发现一件事：信息流平台，哪个内容符合算法哪个就"火"。因为信息流时代的内容，99% 都由算法自动推荐。

2. 优化封面

不管你的视频是横屏的还是竖屏的，你的封面一定要是竖屏的。为什么呢？因为竖屏的封面点击量要远高于横屏的封面。大家要理解小红书的"瀑布流"——横屏的内容跟竖屏的内容在一块儿。但竖屏封面占的面积往往更大，点击量更高。

3. 做好冷启动

我之前没"火"的时候，每条视频都会找人帮我点赞、评论、转发，完成我的初始冷启动，因为再好的东西都需要被"扶上马"。

4. 多关注官方动态

当年我在腾讯管平台的时候要完成 KPI，因为大家都是打工人，运营也需要做出爆款。我做活动你不参加，那我肯定没有流量。我没做平台之前觉得自己特牛，做出爆款是因为自己。做了平台之后，我发现一件事情——不顺应官方，你啥也不是。

5. 优化更新频率

起号阶段最好日更，账号达到稳定期以后更新频率可以适当降低。我在起号阶段就是日更，最多的时候一天发 4 条，现在为了追求质量，更新频率适当降低。

6. 复盘数据

内容创作者一定要看数据，用数据来优化内容。

3 个赚钱思维，
让你远超 90% 的同龄人

我用 4 年时间，从一个 95 后的小镇青年，到现在胡润 & 福布斯双 U30[1]。4 年时间我做对了什么？

成为某个领域的专家。一定要掌握一种技能，身怀一种技能起码饿不死。

提高效率。赚钱分 3 种，一份时间卖一次、一份时间卖多次和买卖其他人的时间。我们要想的是，怎么一天比别人多 30 个小时、50 个小时、100 个小时。

买卖他人的时间，就是你一定要学会当老板。

2023 年年入千万的公式：赚钱 = 赛道 × 效率。

---

[1] 胡润 U30、福布斯 U30 指胡润研究院及福布斯评选并发布的 30 岁以下（包含 30 岁）的创业先锋。

最近我观察身边很多年入千万的朋友,并从他们身上发现了 2023 年的一些财富密码,它涉及以下几个行业。

1. 进军短视频以及直播赛道

中国 2/3 的流量现在都在短视频上,抖音、快手、小红书,还有微信视频号,它们的"日活"[1]横扫了中国绝大部分网民。

流量在哪里,生意就在哪里。

拿我们团队举例。我们团队现在 4 个人,每个月的营收差不多 20 万元到 30 万元。这么小的一个团队做到了还不错的营收,利润也非常高。放在传统的互联网公司或者普通公司,这是不可想象的。

那为什么我们现在能做到呢?不是因为我们厉害,而是因为我们现在吃到了短视频时代知识付费的红利。

2. 打造私域

现在流量增长越来越贵,新增一个用户费用太高了,过去做流量私域运营很好的公司,能把一个用户的复购率做得非常高。

用户复购率做得很高,也就意味着利润很高。

---

[1] 全称为"日常用户活跃数量",英文名 Daily Active User(DAU)。常用于反映网站、互联网应用或网络游戏的运营情况。

3. 学会分享

你想获得什么东西，要先去给予什么东西，如果你想获得爱，就要先给予爱；如果你想获得钱，就要先做一些对他人有益的事情。

真诚地去分享：很多人觉得，如果我把有用的东西告诉别人，会不会教会徒弟，饿死师傅。产生这种心理的一个原因是对自己不够自信，觉得自己成长速度不够快；另一个原因是，高估了别人的学习速度和能力。只要你真诚地和他人分享，他人也一定会给予你养分。

选题篇

如何打造具有爆款潜质的选题

这两年我接触过许多从事新媒体工作的朋友，没事时大家常聚在一起聊天，讨论行业内的各种现象。时间久了，我发现大家的困惑主要有这么几种。

"我真不明白有些作品的点击量怎么这么容易就到 10 万以上了，我一篇文章打磨十几天，反反复复修改十几遍，结果几千字的文章居然只有几百的点击量！现在的读者到底看不看得懂文字啊？"这类朋友大都文采不错，有深厚的文学功底，勤勤恳恳创作，却只换得惨淡的点击量。

"吕白老师，您帮我看一下我这段广告文案到底哪里写得有问题。我自己看完之后特别心动，恨不得马上就买，但其实连找我咨询的人都没几个，更别提卖产品了。"这样的消息我每天都会收到几条，这类朋友往往是朋友圈、小红书、抖音等平台最活跃的，靠着写文案来推销产品获得收入，可文案发出去后往往石沉大海。

还有一类朋友是职场人士，辛辛苦苦熬夜加班给客户写广告文案，渴望得到对方的认可，结果却被喷成"筛子"，最后将原因归结为"客户审美水平低""客户不懂广告""客户除了钱一无所有"……

在与他们交流的过程中,我发现这几类人存在一个共同的问题:孤芳自赏。他们写出了自己认为的亮点、自己感兴趣的地方、自己喜欢的风格,可受众却认为文字很平淡,没兴趣、不喜欢。这是典型的缺乏"用户思维"的表现。

什么是"用户思维"?简言之,就是站在用户的角度思考问题——他们需要什么?他们想看什么?作为大数据时代下依托互联网的写作者,一定要找到自我表达和用户需求之间的交集。有些写作者抗拒一味地迎合读者,因为迎合就意味着做出各种妥协,写作会失去它原本的快乐。但是我们必须认清现实,新媒体写作不能像写日记一样,只顾自己高兴,而将读者的需求和喜好弃之不顾。比如,如果你经常在公众号、小红书里写奥数与费马猜想、四色猜想和哥德巴赫猜想研究的相关内容,即使文学功底再深厚、文字再生动有趣,也可能很难有读者乐意阅读。在互联网时代进行写作,需要将自己想表达的观点以用户能够接受的方式写出来。只有这样,用户才愿意看,内容的点击量自然也就高了。

还有一点尤为重要:新媒体人不能作恶,不能做对社会有恶劣影响的事情,这个是底线,任何新媒体从业者都要严守这条底线。

也有朋友问我:"我知道要写用户感兴趣的、想看的内容,问题是我怎么才能知道他们想看什么？"其实用户想看的内容，就是我们常说的"选题"。在自媒体领域流传着这样一句话："你和点击量10万以上之间只差一个爆款选题。"一篇文章能否成为爆款，80%都靠选题。

那究竟什么样的选题才能孕育出爆款文章呢？首先要研究爆款文章都选了什么主题。

网上有一些平台会根据点击量把全网的文章做成专门的排行榜，这是一个非常有效的学写爆款文章的途径。

推荐平台：新榜、飞瓜助手等。

如果你想快速写出点击量达到10万以上的文章，那么写热点就是最直接简单的方法。可以这么说，通往10万以上点击量的最短路径就是写热点。

你可能要问，要写哪个热点，写什么样的热点呢？

我为大家总结了爆款文章的3个阶梯热点选题方法：第一个阶梯是"快速达成10万以上点击量的4个套路"，第二个阶梯是"稳获10万以上点击量的爆款文章的选题公式"，第三个阶梯是"创作100万以上点击量的爆款文章的3种方法"。

接下来，让我们一起开启爆款文案写作之旅吧！

基础：快速达成 10 万以上点击量的 4 个套路

套路 1：将热点事件进行改编

你觉得写一个热点类的爆款文案要多少字？

100 字？1 000 字？10 000 字？

正确答案是只需要不到 30 字。

2017 年 10 月 8 日，两名知名艺人公布恋情，网友瞬间炸开了锅。消息发布短短几分钟后，微博服务器居然瘫痪了。据说当天正赶上新浪微博的网络架构师丁振凯结婚，于是新郎不得不先把服务器的漏洞修复了，再举行结婚仪式。他成功地凭借这个热点立下了敬业人设，被网友戏称为"新郎程序猿"，成为微博粉丝超过3万的网络技术界红人。

当天，一名男艺人的微博账号发布了一句话："大家好，给大家介绍一下，这是我的女朋友@×××。"短时间内，这条微博的转发量达到127万，评论291万，点赞592万。基于这个热点事件的火爆程度，我准备写一篇推文。

该怎么写呢？首先必须以公众人物为"引子"吸引受众，激发受众的转发欲。但如果只是@我的女朋友，推文除了秀恩爱并无其他意义，10万以上的点击量更是遥不可及，因为读者并不认识我和我的女朋友，对于我们的感情生活也毫无兴趣。深思熟虑后，我决定@众多男生非常喜欢的女明星——郭××，一个集美貌与温柔于一身的女子。

我模仿这名男艺人的这句话写了一句："大家好，给大家介绍一下，这是我的'女朋友'@郭××。"只是简单地将女方的名字替换成郭××，结果我当时运营的只有4万粉丝的公众号，在这个不到30字的文案推送10分钟后，点击量就突破了10万，最后达到了20万之多。

这就是快速达成高点击量的第一个套路：将热点事件进行改编。这种套路是可以重复使用的。你要是不相信的话，可以看一看之后明星们结婚的"官宣体"，比如"新郎是我""新娘是我"，使用类似套路的推送内容点击量大都超过了10万。

这样看来，写出点击量 10 万以上的文案，是不是没有大家想象中那么难？在这里，文笔似乎都不那么重要了。

套路 2：简单盘点和梳理事件

还是以上述热点为例。当时有一个微信公众号只做了一件非常简单的事：把男方宣布脱单、女方回应、男方工作室回应所发布的 3 条微博截了 3 张图，凑成了一篇文章，很快点击量就涨到了 10 万，而其平时所发布的文章的点击量也就 200~300。只是发了 3 张截图，点击量就涨了约 500 倍，这就是热点的力量。

分析过去微信公众号点击量达到 10 万的文章数据，我们不难发现，每次出现热点的时候，一定会有公众号发布相关内容，只是对整个事件进行了简单的回顾，也就是用自己的话把这个热点事件从头到尾捋了一遍，结果就迅速爆火，有的点击量甚至达到了 100 万。由此可见，这个套路只需要你在最短的时间内，将事件呈现给大家。

套路3：复制粘贴获得最高点赞数的评论

第三个套路就更简单了，只需要复制粘贴。我们还是以上述事件为例进行分析。

有一篇相关的推送文章也是来自一个粉丝不多的公众号，只简单讲了女方人生的各种开挂：长得好、身材好、资源好，前途一片光明，更重要的是，人家的男朋友了不得。全文不足100字，结果点击量轻松上了10万。大家看到这里还会感觉写出点击量10万以上的文章难吗？有的读者可能还会感觉难：虽然短，但是我不会写这些。只是大家能猜到这段话是哪里来的吗？其实，这段话就是当时那条微博中获得最高点赞数的评论，编辑直接转发过来了而已。

那为什么要转发这条获得最高点赞数的评论呢？

因为最高点赞数就代表着用户认同，而活跃在微博、小红书、抖音或者微信上的基本也是同一批人，所以即使直接拿过来用，再发一遍，用户还是会认同，还是会点赞的。

这种方式看起来非常简单，但是我们必须认识到一个原则性问题：点击量10万以上的内容不是凭空捏造的，而是要从爆款里面发现爆款。这是什么意思呢？意思是最好的模式就是将已经验证通过的爆款元素进行组合。比如，我们去一些新媒体平台寻找获得最高点赞数的评论，以此为基础进行创作。

套路4：从事件争议点上找角度

仍以上面那对艺人公布恋情的事件为例。当网友知道两人恋爱的消息后，男方的微博下有很多网友留言，比如，"大家觉得是假的请点赞""大家觉得两人不配的请点赞""同意恋爱，×××就算了吧""为什么是×××啊，不接受的赞我"。类似评论的点赞数都超过了20万。于是我们不难发现，男方的粉丝对待这件事情的态度是存在争议的，他们的关注点不在于公布恋情这个事件本身，而在于为什么是×××，却不是"我"？"我"不比×××差吧？

发现这个争议点后，我只做了一件事，在文章中放了一张修过的虚拟个人介绍，将个人介绍上面的名字改成了"×××"。因为找到了这件事最核心的争议点，并且把争议点改成了用户心中期许的样子，这篇文章的点击量也很快到了10万以上。

其实，平台推文的10万以上点击量真没大家想的那么遥不可及。2015年10月，我第一次写出10万以上点击量的推文。当时恰逢我的学校65周年校庆，我开始想了很多写作角度，什么校庆节目单提前预告、什么校庆节目看点集锦、什么校庆节目综合评比之类的。最后，我决定用很少的文字再加上一些从网上搜集的图片，将学校65年的风雨变迁做成图集，结果很快就刷爆了校友的微信朋友圈，很多毕业了几十年的校友都在转发，于是创造了校史上的第一篇10万以上点击量的文章。而2018年学校又逢68周年校庆，我的师弟师妹们借鉴了我3年前追热点的方法，推送的文章点击量创造了2018年学校官微的最高纪录，可见此方法的确简单易行、屡试不爽。

不需要丰富的人生阅历，不需要深厚的文学功底，也不需要庞大的粉丝基数，只要抓住热点，熟练运用以上4种套路，就可以将不可能变成可能，毫不费力地创作出爆款内容。

进阶：稳获 10 万以上点击量的爆款文章的选题公式

运用快速达到 10 万以上点击量的方法，你能在热点事件里迅速找到话题点。但是这时你可能又会发现，每个事件可以选取的写作角度并不是唯一的，而是多元的。同一个热点事件，我们从不同的角度切入写作，最终取得的效果可能大不相同。

例如，前面提到的明星公布恋情事件，公布恋情本身可以作为一个角度，但在时间上已经滞后了，几乎没有内容优势，这是下策；从事件切入，分析两人公布恋情之前的种种蛛丝马迹，让读者有恍然大悟之感，这是中策；而明星都是公众人物，公布恋情本身也是话题事件，巧用、活用主人公的话、行为或者回应作为噱头，为自己的写作内容服务，既能吸引用户点击阅读，又不落俗套，这才是上策。

这里其实就蕴藏着爆款文章的"秘密"，由此我们来进一步学习如何写出稳上 10 万以上点击量的爆款文章。

在过往的热点话题文章里，有些写作角度令人拍案叫绝，文章的点击量也十分可观，而另一些则无人问津。例如，2015 年有一部特别火的电影叫《夏洛特烦恼》，男主角夏洛前去参加自己曾经暗恋的校花秋雅在豪华酒店的隆重婚礼，在为她献上祝福时，面对周围事业有成的老同学，发现只有自己一事无成，心中泛酸，遂借着几分酒意大闹婚礼现场，甚至惊动酒店方拨打了110。而夏洛发泄过后却坐在马桶上睡着了，梦里重回高中，报复了羞辱过他的老师，追求到了心爱的女孩，让失望的母亲重展笑颜，后来甚至成为知名作曲家、音乐人，一连串事件在不可思议中发生。这部影片结合了"逆袭人生"和"爱与梦想"，在精神上满足了大多数生活还不太顺意的年轻人，故而火爆一时。

想象一下，如果根据这个热点写一篇文章，你会怎么写？从什么角度切入？

当时有很多文章都结合了这个热点，并且从什么角度写的都有。比如，有人写"假如人生可以重来"，整篇文章都在反思过去，警醒读者，建议做重大人生抉择时要慎重；有人写"怀念青春"，列出了很多校园时代的场景，整篇文章都在怀念青春的美好；有人写"珍惜眼前人"，分析了女主角马冬梅的各种优点，最后升华出一个正能量的结尾，告诉读者身边的人才是最重要的……这些文章都在结合热点，但是都不温不火。为什么呢？可能大家也意识到了，就是角度不够特别，不够吸引大家的眼球。

某知名公众号结合这个热点也写了一篇推文，结果刷爆全网，这篇文章的题目是《〈夏洛特烦恼〉：为什么男人总是放不下自己的初恋》。大家可以感受一下，这个角度是不是很特别？试问，如果读者是女生，难道不想知道为什么自己的男朋友或老公，会对初恋情人念念不忘吗？如果读者是男生，是不是会马上产生话题共鸣？

爆款内容，一般都会有一个与众不同的创新主题，或有着浓郁的生活气息，能与读者产生情感共鸣，又或者能够高屋建瓴，特别有思想见地。这篇《〈夏洛特烦恼〉：为什么男人总是放不下自己的初恋》就属于第一种情况。你可能会好奇，这种有创意的角度是怎么想出来的。是因为天赋，还是灵光乍现？其实都不是，好的创意和角度不是偶然发现的，而是完全可以根据一套方法构思出来的。

我做自媒体多年，看过的爆款文章上万篇，分析过的爆款文章也有几千篇。在分析这些文章的过程中，我惊喜地发现它们有很多共同点，而通过深入研究后，我发现竟然可以总结出一个爆款文章公式。

我的爆款文章公式基于选题的 10 个元素，其中包括 3 种情感（亲情、爱情、友情），5 种情绪（愤怒、怀旧、愧疚、暖心、焦虑），外加地域和群体。

这 10 个元素虽然简单，却价值不菲，是初学者创作 10 万以上点击量文章的必备武器，也是职业写作者创作多篇爆款文章的秘籍。并且它们除了可应用在写文章上，拍广告和电影时也同样适用，还屡建奇功。

那么在写作过程中，究竟该如何使用这 10 个元素呢？

首先，我们来看第一个例子。2017 年，在微信刚推出"不常联系"和"朋友圈 3 天可见"新功能的时候，我写了一篇文章，点击量很快涨到 10 万以上，最后成为点击量 100 万以上的爆款，题目叫《偷看朋友圈这件事，要被微信拆穿了》。结合爆款公式，我来分析一下这篇文章能够成为爆款的亮点。

文章开头的第一段话是这样写的：

> 林霖的微信号很可能会躺在她前任的"不常联系"名单里，然后她的前任可能会把她连同一组人一起选中，下一步，清理删除。

通过第一段文字，大家可以看出这篇文章的切入点是"前任"，放在文章开头，就把很多读者对"前任"那种爱而不得的遗憾勾出来了。爱情是个永恒的话题，最抓人心，并且世代传颂。在开头灵活运用爱情元素中的"前任",就把读者的兴趣引出来了。

再看后面一段:

我以为朋友的衡量标准,不是以我们多久聊一次天、朋友圈点几次赞决定的,而是每次需要你、找你的时候,你都像往常一样,对着我嘘寒问暖,对着我骂骂咧咧——"你个小崽子,终于想起老子来了。说吧,几点的车,我去车站口等你"。

和前一段不一样,这一段是写友情的,写出了朋友之间那种相互关心的情感。真正的友情不依赖金钱和地位,拒绝功利和契约,它使人们独而不孤,互相解读彼此存在的意义。朋友可以让彼此活得更温暖、更自在。活用情感元素中的友情,可以引发更多年龄层的读者的共鸣和感动。

分析到这里,大家有没有看出来,为什么当时那么多人写这个热点,却只有我写的这篇文章点击量超过了百万?这是因为我组合了3种情感中的爱情和友情。热点是基础,是吸引读者点击并阅读的第一动力;而爱情和友情这两个情感元素,一个是内心最细腻的阵地,一个是生活中最可靠的存在,它们是使读者深入阅读、分享并转发的关键因素。

当你发现一个热点但是不知道从哪里下手的时候,就可以根据选题10个元素寻找灵感或者方法。写作其实就像做菜，只加盐进行调味，肯定是不够的，只有再加一些姜、葱、大料等作料，菜吃起来才会格外香。同样的道理，我们在写热点的时候，在其中融入一些情感元素，才会使文章更饱满，才会让读者更有感觉。

"热点+情感""热点+情绪"的组合搭配是爆款文章公式的基础款，只要灵活运用，获得10万以上的点击量并不难。

除了组合情感或情绪元素，我们还可以引入一些其他元素，如《买不起iPhone 8的公务员》便是完美地将热点和群体两大元素结合起来，成为文章"爆点"的成功案例。

有段时间，我们通过采访发现，公务员群体并不像大家想象的那样，每天坐在办公室里喝茶看报、享受生活。他们其实很辛苦，收入也不高。于是我们特别想写写这个群体，改变大家对公务员的刻板印象。可是如果直接这么写的话，会比较平淡，所以需要选择一个更好的角度。恰逢当时苹果iPhone 8上市了，于是我们就写了一篇题目为《买不起iPhone 8的公务员》的文章，之后被《人民日报》、人民网和新华社等官方媒体转载，点击量甚至突破了百万，成为一个很好的把热点和群体相结合的案例。

这篇文章成为爆款后也引起了业界的关注，在行业交流的微信群分享时，有人问我："吕老师，《买不起iPhone 8的公务员》这篇文章火爆的最根本原因是什么？我们有什么能借鉴的经验呢？"

于是我针对这篇文章，跟大家分享了关于选题的 10 个元素中的群体元素。

"热点+群体"的组合也是爆款文章的常用搭配。群体拥有独有的整体感，即群体成员对群体的一种总体意识。在这种意识下，群体成员会认为群体是一个有机的整体，而不是一盘散沙。如果你是一名公务员，你对公务员群体会有一种整体感觉，这种整体感觉越强，维护群体整体形象的态度就会越坚决。巧妙借用这种群体特性，从群体现状切入所写的文章能更容易获得群体的认同感，进而获得 10 万以上的点击量。

典型的当代群体有很多，比如程序员。之前火爆全网的"网传穿搭指南"，引起网友热议、转发的就是一群程序员穿着格子衬衫拍照的图片。再比如外卖小哥、教师这种以职业划分的群体，父母、爷爷、奶奶这种以家庭身份划分的群体，白羊座人、狮子座人、天秤座人这种以星座划分的群体……我们都能够清晰地总结出他们的群体特性。

除了"热点+群体"这种用法，你还可以融入一些地域元素。可能很多人都看过《流感下的北京中年》这篇爆款文章，讲的是作者的岳父得了流感，辗转于各个医院治疗，可惜最终去世的经历。这篇文章引发了很多人的共鸣，甚至文章里提到的医生也亲自发言表态，一时间留言区都是读者的长篇感慨，表述了他们在大城市生活的种种不易。以下为文章部分内容：

女儿:"姥爷怎么这么长时间还不回来?"

妈妈:"姥爷生病了,在医院打针。"

女儿:"姥爷是我最好的朋友,姥爷给我吃巧克力。妈妈怎么哭了?"

文章逐日记录了"岳父"从流感到肺炎,从门诊到ICU(重症加强护理病房),仅29天时间就与家人阴阳两隔的经历。其中涉及就诊、用药、开销、求血、插管、人工肺(ECMO)等信息,许多医疗知识不用说读者了,就是作者本人也是第一次接触。

7:40,车在大道边的空旷处停下,准备"烧纸"。我一下车就被冰封了,脸如刀割,呼出的空气遇到口罩就结冰,冻得鼻子发痛。

路边停了七八十辆车,把4条车道占了2条,都是来送岳父的同事和朋友。看了这阵势,我想岳父在家有点脾气也是正常的。寻思自己走的时候,不会有这么多的人。

把骨灰盒请下车摆好。道边一辆厢式货车的门突然打开,大家开始往下卸东西。小的有纸手机、纸电脑、纸元宝,大的有纸别墅、纸车子。车子上还特意画了岳父喜爱的路虎车标。特别是一匹红色纸马,如真马大小,风起马毛飘扬,风落马毛带雪。

30多分钟,各种仪式做完,开始点火。火光冲天,这

"烧纸"可比南方一沓一沓小纸钱烧起来有气势多了,纸房子、车子、小马化为灰烬,希望岳父能在另一个世界过得潇洒自由。

100多位亲朋,和我们一起在东北也难见的寒流中,与岳父道别。

1月27日(星期六)

"圆坟"后,我和夫人从佳木斯飞回北京。

过去一个月,就像在噩梦中奔跑,一刻也不能停。想从梦中醒来,却摆脱不了命运。

回到家,吃饭时岳母突然问了一句:"你爸真的走了吗?"

我愣了一下。衣架上挂着岳父的衣服,家里仿佛还有他的影子;微信里有他的语音,仿佛还嚷嚷着要再去泰国吃榴梿。

但又一想,确实是走了。

女儿还不能理解死亡,大喊:"我要姥爷给我吃巧克力。"生活就像一盒巧克力,你永远不知道会尝到哪种滋味。

感谢在这段日子里支持我们的亲人、朋友、同事和领导!很幸运此生与你们同行。

这篇文章就是用到了"中年群体+北京地域"的元素,从而引发了大众的共鸣。其实，不仅是"看病难"这个热点，还有很多类似的选题都可以这么用。之前还有一篇很火的文章叫《在北京有2 000万人假装生活》，同样是用了"北京"这个地域元素＋"北漂中产"这个群体元素。

北京中产确实是一个很容易焦虑的群体，因而这个话题也的确制造了很多爆款内容。自媒体行业甚至流传着这样一句话："北京中产，平均每月焦虑3次，每次'养活'一批点击量10万以上的文章。"所以很多公众号特别爱写这类话题和策划这样的主题活动，例如"新世相"策划的"逃离北上广"，就成为经典的营销案例。

2016年7月8日，公众号"新世相"推送了图文消息："我买好了30张机票在机场等你：4小时后逃离北上广。"内容摘要是："没有犹豫的时间了，你拎着包来，我就送你走。"以下为文章部分内容节选：

今天，我要做一件事：就是现在，我准备好了机票，只要你来，就让你走。

现在是早上8点，从现在开始倒计时，只要你在4小时内赶到北京、上海、广州3个城市的机场，我准备了30张往返机票，马上起飞，去一个未知但美好的目的地。

现在你也许正在地铁上、出租车上、办公室里、杂乱的卧室中。你会问："我可以吗？"瞬间能抉择，才是真的自己。

4小时后，你就可以做自己的主。你可以改变现在的生活，去旅行，去表白，去想去却没去的地方，成为想当而没有当成的人。

只要你有决心，我就有办法。就趁现在，我们出钱，你出时间和勇气。新世相请航班管家支持，一起邀请你。

做自己的主，4小时后逃离北上广。

通过简短的推文表述，我们可以发现这个活动的规则非常少，用户理解起来毫不费力，且活动的可参与性极强。

从活动曝光开始，1.5小时后公众号的图文点击量达到10万以上，3小时后，点击量超过百万，公众号粉丝数上涨10万。与此同时，该活动在微博上也冲上热搜，"4小时后逃离北上广"的话题点击量也达到了552.3万。

如此简洁清晰的活动规则背后，却隐藏着很多可以撬动用户参与意愿的玄机，其中用户情感上的认同是活动成功最关键的因素。活动从用户群体特征出发，直戳群体软肋，直达群体内心，并提供了一个现成的平台让他们去发泄自己内心的情绪，给了他们更多的勇气与激情。因此，"群体特征"法则不仅适用于撰写文章，而且适用于策划活动，因为群体不会大变。

受中国地大物博影响，同一地域内的用户群体具有相似性，不同地域的用户群体具有差异性。不同地域有不同的优势、特色和功能，媒体的热点事件和不同的地域特色结合，能够迸发出不一样的火花。除了上文中提到的"北京中产"，还有以煤炭生产为主业的山西"煤老板"、抖音上人均身高 1.85 米的"山东好汉"、给人印象什么东西都吃的"广东仔"、"hu""fu"不分的"福建人"等,都是爆款文章常常提及的典型地域群体特征。例如,"黄一刀有毒"公众号推送的《你可能对福建人一无所知》《浙江人真真真真真不容易》《印度人真是把我吓到了》等文章的点击量都突破了 10 万,有兴趣的读者可以看看。

接下来,我再给大家分析一篇文章,是"视觉志"写的《谢谢你爱我》。它把 10 个元素中的多个元素组合在了一起,点击量达到了 5 000 万,当时"人民日报"等许多知名公众号都转载了,几乎刷爆各大平台。这篇文章特别有参考价值,它的表现形式其实很简单,就是使用一些图片,配以一些简单的文字说明,描绘出很多感人的场景。以下为文章部分内容节选:

我们都如此期待被爱

被别人爱,被这个世界爱
以至于520、521这样的日子
都被赋予了"我爱你"的意义
……
被人爱着,真好
在你未曾留意的地方
有人爱着你

01
年轻女孩要自杀,被大叔一把拽了回来
你给我回来!连死都不怕,还怕活着吗?!

02
孩子和爸爸都很庆幸,那一瞬间,有一个英雄出现
你的出现,会改变另一个人的命运
……

文章后面还写了:一群鸭子过马路,行驶至此的车辆主动停下来等它们通过;下雨天,开车的小伙子主动邀请环卫工人上车避雨,环卫工人怕弄脏小伙子的车而婉拒了,最后两人一起坐在后备厢避雨;天生没有胳膊和腿的小孩子,很贴心地照顾自己的弟弟;考试结束后,老师在每个学生的桌子上写了一段话,鼓励他们不要放弃……诸如此类简单又温暖的故事。

我们将这篇文章与选题10个元素对照,可以找到大量的相关点。例如,暖心这种情绪,亲人之间有,陌生人之间也有,再加上亲情、爱情、友情,甚至陌生人之间的相互关心,以及中国和外国不同地域的故事,一切都让读者体会到了相同的人间温情,因而打动了很多人。

总而言之,你想写一个热点,又不知道从哪里下手的时候,可以对照10个元素里的3种情感——亲情、爱情、友情,5种

情绪——愤怒、怀旧、愧疚、暖心、焦虑,再跟地域、群体两大元素进行组合,各种元素组合的形式和内容越好,感染的人就越多,传播的效果也就越好。

例如,公众号"六点半"推送的《买了辆破旧二手车,却挽救了一段爱情》,并非图文搭配,而是以时下最受欢迎的短视频的形式演绎的。

视频故事情节简单、巧妙且有趣:夫妻二人驾驶着新买的二手车在路上行驶时,风挡玻璃被风刮来的报纸遮住,妻子便想伸手抓下来,不料小窗开关失灵,妻子的手被夹在了车外。此时,路边有一对新婚夫妇正闹得不可开交,吵着要离婚,手被夹在外面的妻子刚好目睹了这一切,顺手就给了路边大喊着离婚的男人一巴掌。被突如其来的一巴掌拍倒在地后,这位新婚丈夫认识到了自己的错误,而他的妻子也心疼起来,两人重归于好,只剩下正开着二手车的丈夫目瞪口呆……

不可否认,短视频的表现形式将简单的故事生动化、立体化了,使用户更容易理解其内涵和意义。而该视频故事之所以能迅速获得10万以上的点击量,根本原因还在于其中包含大量的爆款元素。

首先,购买二手车的夫妻代表了庞大的"低产"群体:开不起豪车,买不起好房,为了提高生活幸福感,只能贷款买二手车,生活压力大,家庭矛盾多;其次,路边吵架闹离婚的小夫妻,从吵架到和好,不仅体现了爱情的主题、"先苦后甜"的情绪变化，还是"新婚夫妻"群体的典型代表，他们面对生活的变化不知所措，更不懂夫妻相处之道；最后，短片结尾处那段开着二手车的男人目瞪口呆的情节最能引发共情，它传神地展现了部分当代婚后丈夫的形象，不论男人或者女人看了都免不了会心一笑，意味深长。

简单的故事情节便将"低产"群体、"新婚夫妻"群体、"婚后丈夫"群体这3类群体融入爱情元素中，完美地传达出委屈、愧疚、暖心等情绪，搭配巧妙、浑然天成。所以总结来看，这个爆款视频的故事构思既基于生活，又高于生活。

深入研究经典的点击量10万以上的爆款文章，可以发现，其实都离不开这4个套路、10个元素，只要能够活学活用，每个人都能创作出点击量10万以上的文章。

高级：创作 100 万以上点击量的爆款文章的 3 种方法

在入门之后，我们可以给自己定一个进阶目标：打造一篇点击量 100 万以上的文章。也许有人会觉得 100 万以上的点击量"高不可攀"、遥不可及，只能碰运气。其实不然，百万级点击量的文章也是有规律可循的。

经过长期对爆款文章的研究，我总结出一个打造 100 万以上点击量爆款文章的 9 字秘诀：换角色、硬组合、小见大。

第一种方法：换角色

2017年高考过后，有一段采访视频在网上引起了轩然大波，视频的主角是2017年北京市高考文科状元——熊轩昂。高考成绩公布后，记者采访熊轩昂，问他对于自己在高考中取得优异成绩有什么看法。他并没有过多谦虚，而是直言不讳地表示："现在农村的孩子考上好学校变得越发困难，而像我这种父母都是外交官的中产家庭的孩子，享受着北京在教育资源上得天独厚的条件，是很多外地的孩子尤其是农村的孩子完全享受不到的。"

此言论一出，马上就在网上引起了热烈讨论，自媒体人纷纷基于这个热点来写文章。有人说"寒门再难出贵子"，有人宣扬"阶层固化"……当时网络上的文章99%都在写这些老生常谈的主题，主要关注点在于分析寒门子弟的生活、求学有多艰难和辛酸。

我当时也想结合这个热点写一篇文章，但不想再写"寒门"这个主题了，因为它已经很难再写出新意了。如果我还是从这个角度立意，几乎不可能出彩。

我冥思苦想了一周，甚至连吃饭和睡觉时大脑也在思考这件事，琢磨如何才能结合热点写出一篇出彩的推文。结果一天我在饭店吃饭时，无意间听到隔壁桌有人说了一句话："别在一棵树上吊死。"说者无意，听者有心。我恍然大悟：一直以来我太局限于"穷人"这个创作点了，被困住了思路，才会百般苦恼。其实我完全可以换一个角度来写：比如以富人为主角，写一写中产阶层，再分析这个热点事件本身存在的问题。打开思路后，我感到豁然开朗，最终选择了从富人的角度写这篇推文。

我们90后这一代人，从小看到的标语大都是"没有高考，拿什么拼过富二代"之类的，久而久之，便以为这种观点是对的，但其实是我们的认知被局限了。富家子弟因其群体背景的特殊性，他们中的一部分往往不会参加高考，可能在中学时期就被送去国外留学，参加丰富多彩的社团活动，游历世界各地，根本不需要与国内同龄人竞争。更令人羡慕的是，即使他们曾经在国内的成绩并不好，最终也能申请到全世界50强甚至10强的名校就读。这也是现实背景的一部分。由此，我写出了一篇名为《穷人考不好，中产考状元，富豪不高考》[1]的文章，从一众"寒门贵子"的主题中脱颖而出，成为当时推文中最大的"黑马"。

我将当时的创作思路进行复盘，如果今后大家遇到类似热点，可以此为参考和借鉴。

"换角色"的技巧在运用时可以分为两步走：

（1）明确角色。首先明确事件中有几个角色。每一个角色都是独立的个体，有着各自不同的品质和性格。由于他们在一个完整的事件中各自发挥着不同的作用，所以在选题策划时，每一个

1　原文标题为《穷人考不好，中产考状元，精英不高考》，结合社会现实，此处将"精英"改为"富豪"。

角色都可选。

（2）选择角色。观察大部分人是围绕哪个角色来写的，然后放弃这个角色，选择一个很少或者几乎没有人写的角色。在策划选题时，我们应该"泼辣、大胆"些，勇于实践和另辟蹊径，想他人想不到的，给读者提供与众不同的思考角度，自然就会有新鲜感和话题量。

如果和大家写了同样的角色，就相当于和多数人站在同一个赛道上，来争夺百米赛跑的冠军。而如果选择一个没有人竞争的赛道，即使没有花费太多力气，点击量也不会低，因为你和别人不一样，独特就是你最好的武器。

前面的案例是社会事件，涉及的主要角色少且特征鲜明。同样的技巧、步骤放到常规节日、活动中也是有效的，只是涉及的角色多，特征不显著，需要我们更加细心地寻找和选择。接下来我们以中国特有的交通现象——春运为例，分析"换角色"的具体运用方法。

春运，即春节时期的交通运输，是中国特有的在农历春节前后产生的一种大规模的高交通运输压力的现象。时间是以春节为节点，前后共40天左右，大概从每年农历腊月十五到次年正月二十五。春运被誉为人类历史上规模最大的周期性人类大迁徙，在40天左右的时间里，有30多亿人次的人口流动，相当于非洲、欧洲、美洲、大洋洲的总人口搬一次家。中国的春运还入选了世界纪录协会统计的世界上最大的周期性运输高峰，创造了多项世界之最。

以常规事件为主题的文章，因为时间节点明显，所以内容务必新奇且有深度。此时千万不要自乱阵脚，而要按照"换角色"的技巧、步骤冷静分析，找准选题角度，这样才能事半功倍。

第一步，明确角色。对于春运来说，显而易见的主要角色有返乡人、在家盼望了一年的亲人、春节期间仍坚守在工作一线的铁路工作者、铁路工作者的亲人等；而不易察觉的角色还有很多，诸如持续报道春运状况的新闻媒体工作者、负责安检或引导工作的临时工作人员、发布春运交通运输政策的相关部门负责人等。我们要根据主题表达的需要，明确合适的切入角色。

第二步，选择角色。这是最关键的一步。返乡人、铁路工作者这些人物形象几乎年年都是报道的中心，人们对其基本状况已经被动地了解过很多次，难出新意，此乃下策。而翘首以盼等待亲人回家的家里人、因为春节不放假而无法陪伴的家人是由上述主要角色衍生出的次要角色，以他们为破题的人物，将春运中体现出来的思乡、团圆之情联系起来，会令读者的共鸣更强烈，此乃中策。随着读者的口味越发刁钻，以小众化视角切入春运会显得更加新颖，不容易落入俗套。例如，持续报道春运状况的新闻媒体工作者如何看待春运，负责安检或引导工作的临时工作人员见过哪些印象深刻的春运返乡人，发布春运交通运输政策的相关负责人发现政策有什么新变化，等等，以这些作为破题点，不仅让人眼前一亮，而且易于挖掘出内容深度，此乃上策。

当然，我这里所说的上、中、下策是针对选题，而非内容而言的。即便是以返乡人这类非常普遍的角色作为突破口展开撰文，只要在内容上出奇制胜也一样能打造爆款。但是如果我们能在选题上就夺人眼球、引人入胜，会为我们本身就有深度的文章锦上添花，达到绝佳的效果。

按照以上步骤，通过简短、缜密且全面的分析，我们可以将单个人物作为选题，也可以将多个人物串联起来作为选题。后文我们将继续阐述如何起标题，以及如何在内容上打造金句。

俗话说："屁股决定脑袋，思路决定出路。"如果你站在员工的角度思考问题，会说"我渴望休息，讨厌加班"，但如果你是一名老板，可能就会改变想法，希望员工天天加班；如果你是学生，可能会讨厌学习，喜欢玩乐，但如果你是一名教师，你会想方设法让学生认真学习……这些，都是角色转变引起的思维变化。

许多行业内顶尖的营销公司在写爆款文章时，都会先让内部员工选择100个角度，再反复讨论这100个角度，进行筛选，最终确定一个。不过我认为这种做法有些低效，它就像买彩票，你永远不知道自己什么时候会中奖，也不知道这100张彩票里面你能不能中一张。

最简单的方法其实只需要换角色，这样，你不需要想出100个角度，而只需列出10个角度，就能选出你想要的选题。所以，其实创意最简单的来源就是"换角色"。

第二种方法：硬组合

大家可以回想一下，每年七夕的时候，网上都会出现很多文章，比如《单身久了真的会得单身癌》《比男友更可怕的生物是什么》《今年七夕你在干什么》……诸如此类的文章屡见不鲜。

年年岁岁节相同，岁岁年年文类似。有人每年都创作千篇一律的文章，最终会导致看的人看厌了，写的人写烦了。但是没办法，因为他们想不出新的角度。

你知道我所在的团队当时想出了一个什么角度吗？

想必很多人曾在七夕当天看到过我们写的文章《七夕我带你去民政局看别人离婚》，这篇文章的点击量高达千万，令很多同行惊叹：七夕的文章居然还有如此新颖的写法！其实，在千万点击量的背后也有着不为人知的辛酸，这个选题是我们对几百个选题进行无穷无尽的头脑风暴后的结果。但是之后我在总结方法的过程中发现，其实这个选题可以被很轻松地想出来，方法就是：硬组合。

就是说，把两个完全不相关甚至相反的东西组合在一块儿，会给读者造成强烈的认知刺激。这样的组合往往会产生很多很有意思的选题。

我们来复盘这篇推文的思路。

七夕本身的含义是什么？表白、甜蜜、在一起。

七夕含义的反面是什么？失恋、分手、"单身狗"。

最极端的分手方式是什么？离婚。

于是这个选题就产生了——"七夕，我们在民政局看别人离婚"。

运用同样的方法，我们还写过一篇题为《中秋节那些永远回不去家的人》的文章。中秋节前，我们前往北京八宝山等墓地进行采访。大家可能认为，中秋节去墓地采访是一件听起来有些恐怖的事情，但其实在这个被赋予"团圆"含义的节日里，会有很多人去墓地祭拜自己的父母、朋友、爱人。

一个墓碑上刻着这样一句话："你的英灵化成一只小鸟，在初春的晚霞中，来到我的心田中筑巢。"这是30多年前，一位老先生写给他的爱人的墓志铭。当时，我被这份纯粹的爱意深深地打动了。时至今日，不知当年的老先生是否健在，但是他为爱妻留下的碑文是永恒的，无论是谁看到都会为之动容。

将中秋节这个象征团圆的节日与永远回不去家的人、无法团圆的人这类群体组合在一起，也就是我们所说的硬组合，进而可以制造反差。

"硬组合"的技巧在运用时，可以分两步走：

（1）明确事件的主题。首先要明确一个热点事件中最突出、最能体现本质的主题词，比如七夕佳节的"爱情美满"、锦鲤杨××事件的"好运"等。

（2）确定一个与之相反的主题，把二者结合。这一技巧的亮点就在于找出主题词的反面，比如七夕佳节谈"分手和离婚"、锦鲤杨××事件中谈"倒霉"等。

公众号"萍语文"在父亲节到来之际发布的文章《没有父亲的父亲节》，有意无意地也使用了硬组合。

以下是部分原文：

> 你走以后，母亲头发花白，人生只剩余生。她一个人洗衣叠被，一个人提篮买菜，一个人从繁华街市回来。母亲喜欢坐在廊前看流云，她不知道，哪一朵是随风而去的你。
>
> 你不在，我漂到哪里都是异乡。唯有月如水时，唯有风乍起时，唯有天欲雪时，我才会在人潮人海中忽然泪如雨下——世界上最疼我爱我的那个人，已经去了比远方更远的地方。
>
> 于是，我羡慕天下所有的父亲：割麦打谷的父亲，提笼架鸟的父亲，无酒不欢的父亲，嬉笑怒骂的父亲……如果父母是归途，父亲在，我们还有山路；父亲走了，我们只剩水路。
>
> 好想好想，穿越时光回去看你，你在树下送我去远方，你告诉我：去追吧，别回头！那时我不懂，每个人都只能陪我走一段路，所谓父女，就是你目送我去远方，我目送你去天堂。

硬组合是更高级的选题技巧，吸睛效果更好。就像一枚硬币总有正反两面一样,一个热点事件也有正反两个角度。按这个思路展开,可供撰文的选题瞬间就精彩了许多。

硬组合还有一个技巧叫"造概念",很多爆款选题或者爆款课程都会用到这一技巧。讲之前我们先来看一篇网络文章的部分内容,题目叫《湖畔大学梁宁:比能力重要1 000倍的,是你的底层操作系统》:

你和成功人士最大的区别在哪儿?

是能力吗?不,是底层操作系统不一样。

"如果把人想象成一部手机,人的情绪是底层的操作系统,他的能力只是上面一个个的app。"湖畔大学的梁宁说。

这是这篇文章的开头部分,一开始就吸引了大家:先举出一位成功人士作为背书,然后提出了一个大家看不懂的概念——"底层操作系统",还把人比作手机。

很多读者看到这里就产生了兴趣:

"没听过……"

"听起来好厉害……"

"人居然可以是手机?还有底层操作系统?"

……

接下来作者把"底层操作系统"的概念一解释,大家才恍然大悟,原来是这样。但其实去掉这个"底层操作系统"的包装,讲的还是以前的那些老东西，诸如努力、知识多元化等。

《圣经》里有句话说得很好："太阳底下无新事。"这句话同样适用于这里。因为千百年来人们的大部分需求几乎没有变过，大家喜欢的东西、关心的东西、想看的东西，还是努力、奋斗、逆袭、爱情这些。只是大家看多了这些东西以后，我们就需要给它们披上一件好看的外衣，让它们变成没见过、没听过、没那么熟悉的事情。这种披外衣的方式就叫"造概念"。

这其实是一种跨界组合，即把两个完全不相关的事物结合在一起，用一个领域的知识去解释另一个领域的事物。像梁宁提出的"底层操作系统"一样，把来自产品领域的概念用到人生奋斗的领域时，大家会觉得这个解释很新颖、很独特。

第三种方法：小见大

我在线下进行新媒体培训的时候，经常会问学员一个问题："如果让大家在1分钟内描述一下非洲，你们会怎么说？"

大家的回答五花八门，有人说非洲地大物博，有人说非洲穷，还有人会谈论非洲的气候，诸如此类。因为大家的描述都缺乏一定的吸引力，所以我很少会记住。

后来我跟大家分享了一下我的想法："说起非洲，我觉得非洲的精髓都体现在非洲象身上，而非洲象也可以形象地代表非洲。"接下来在1分钟内,我给大家详细介绍了一下非洲象,讲完之后,全场掌声雷动。

举这个例子的目的在于让大家了解:当我们在描述一个特别大的概念或者事物的时候,很难做到在有限的时间内讲得面面俱到,所以可以选择聚焦在概念所包含的一个小点上讲,这种方法就是"小见大",即以小见大。

一个朋友要参加某个演讲节目,邀请我帮他修改演讲稿。他选的演讲主题非常宏观,叫"我与改革开放40周年"。我当时就对他说:"如果你要写改革开放40周年的故事,一定不要假大空,因为没有人愿意听假大空的故事。你可以写一个你爷爷奶奶的故事,来具体地讲述村庄的变化。例如,有一天,你和爷爷走在路上,那天下了很大的雨,爷爷看了看天空然后语重心长地对你说:'现在真好啊,想当年村里一下雨,人们就出不去了,因为路会非常泥泞。你看现在,从村头到村尾,全都是柏油路,无论下多么大的雨,出门也不怕溅一身泥了。改革开放40年,我亲身经历了咱们村的变化,以后你要好好努力,报效国家。'"

他甚至都不一定要解释什么是改革开放,单说村里的路就完全够了。这样由一个小的点出发,写得深刻,也很容易打动人。

同样的道理,讲友情、讲爱情等各种宏大概念的时候,也要从一个非常小的点切入。

比如写怀旧,很多人可能会从宏大的视角出发,写时代、谈青春,这样其实是很难写出爆款内容的,大家都会这样写,读者早就麻木了。换种方法，从某个小视角出发，从某个小现象、小场景切入，写起来就会比较容易。

之前在写青春的时候，我们是从一个很小的点来切入的：很多年前我们还用的手机短信功能。

不知道大家有没有发现，已经很久没有人给我们发短信了，现在我们收到的短信基本不是验证码，就是广告，是没有任何温度的冷冰冰的文字。

我还记得刚有手机的时候，只能存储200条短信，所以得经常清理、删除，最后留下的每条短信都非常珍贵。每一条短信都代表着一段故事，比如，"你穿校服真好看""放学一起走啊""你知道德芙是什么意思吗？"。

于是我们用手机短信这个小的切入点，写了一个关于青春的故事。

可能我们有时会翻到以前的手机，然后就会想起读一读曾经的短信。里面有什么呢？某某发给你的"Do you love me?"，一下子就把你拉回到十几年前。

只需要一个或几个非常小的切入点，就能把青春讲得非常好。这就是以小见大的魅力。

我再举一个例子。每年的6~7月是"毕业季"。作为一个重要的时间节点，媒体朋友肯定不会轻易放过。各种毕业季暖文、短视频和告别活动接踵而至，一波一波地涤荡着毕业生的心灵，用感动的泪水换取10万以上的点击量。

如果你看过 20 篇以上毕业季主题的文章，你一定会非常熟悉这段开头：

> 时光浅夏，六月
> 又到了盛满栀子花的毕业季
> 拿着论文走上答辩的讲台
> 带着笑容拍美美的毕业照
> 却在某一瞬间才意识到
> 原来离别的时刻
> 早已在不经意间到来

一段唯美动人的场景描写，委婉地表达出毕业时依依不舍的情感。紧接着后文便是：

> 这一刻，且让时光走得慢一些，让这告别的忧伤走得慢一些。让每一个拥抱都充满理解和谅解，让每一次挥手都充满真心和祝福。曾经为了一道题争论得面红耳赤，曾经勾肩搭背走向篮球场，曾经你追我赶地在校园追逐……同窗，是岁月的馈赠，如果曾经有过激烈的争吵和矛盾，这一刻也该在握手之间烟消云散了；同学，是命运的眷顾，如果曾经有过误会和不解，这一刻在拥抱之间也该冰释前嫌了。此后，各奔东西，一生又还能相聚几回？

在如今这个快节奏的生活状态中，这种泛泛的抒情表达已经不能满足读者的阅读需要，因此没有人会浪费时间来读这些空洞的文章。

那在"毕业季"的背景下，我们该如何策划选题呢？大选题，小角度，以小见大就是我们的秘诀。

毕业时涉及的事情非常多，有人要到新的学校继续学习进修，有人要步入社会面临就业；有人因为挂科而不得不复读一年，有人因为成绩优秀收获一堆荣誉；有人面临毕业季就是分手季的困扰，有人毕业前刚刚收获爱情……我们必须立足于生活实际，用心感受生活中的喜怒哀乐，才能发现毕业季最打动人的小话题。

例如，"百度"公众号曾推出的爆款文章《大学毕业了，她要回老家，我该怎么办？》，便是以毕业季为背景，以爱情为主题，以分别为痛点，以某一对大学情侣的故事作为主线，极具看点，反响也非常好。

新百伦（New Balance）天猫店曾推出的宣传爆款产品H5的"你欠青春一张返校照"主题活动，同样是在毕业季背景下，以H5为载体，以毕业照为主题，以毕业后返校为痛点，抓住毕业生多年后回母校再拍一张照时的感慨，收获了非常好的传播效果。

我们再来整体回顾一下之前的内容。当我们要写一个热点话题的时候，首先要分析事件中有几个角色，每当我们换一个角色，就会有一些不同的思路。这是第一种方法"换角色"。

第二种方法是"硬组合"。就是把两个完全相斥的东西组合在一起，像七夕看离婚、中秋节看回不去家的人。

第三种方法是"小见大"。当我们在讲述一个很宏大的事物时，一定不要从大的方面来讲，而要用一个聚焦的小点把这件事映射出来。

这3种方法都非常简单，易上手，"用傻瓜式操作，换大神级效果"。我们要把3种方法都吃透，才能举一反三，灵活运用。同时不要忘记这3种方法还可以交叉使用，互相补充。

引申：从文字到图片、海报、视频，所有刷屏级内容的秘密

在前面，我讲述了如何用热点选题制造爆款文章。接下来想和大家分享可以用哪些方法来收集选题，包括如何找热点话题，除了热点话题，你还可以写点什么，以及我们前面讲的打造爆款的方法，在做音频、视频等时应该如何运用。

我在前文中提过，写热点的重要方法之一是看微博的高赞评论。参加过我的线下培训课程的很多学员表示对这部分内容很感兴趣，说掌握了这种方法，不仅会找选题了，连和朋友聊八卦新闻都能插上嘴了，好像发现了新大陆一般，跟上了时代的步伐。其实，找热点的途径远不止"微博高赞评论"这一条。

除了阅读高赞评论之外，我们还可以时常看微博热搜。微博

热搜会实时更新最火的话题,分为"新""火""爆"3个等级。许多微信公众号都会依据微博热搜榜中的最热话题进行选题策划,所以我们需要盯紧微博热搜,快速寻找时下大家最关心、最愿意看、最愿意谈论的话题。基于大家关心的内容发表自己的看法,这样才能吸引读者。

比如"锦鲤信小呆"便是典型的微博爆款事件。2018年9月29日,支付宝发布微博,称将在10月7日抽出一位集全球独宠于一身的"中国锦鲤"。这条抽奖微博被火速转发,出现在大多数人的微博首页,截至10月7日获奖名单公布,累计转发量超过260万。随着活动讨论热度的不断攀升,人们关注的焦点也渐渐从丰厚的奖品转向了"谁会成为这三百万分之一",而"信小呆"最终成了这个"天选之子"。

10月7日上午,支付宝公布了中奖名单,一瞬间,"信小呆"的身份就完成了从"普通网友"到"中国锦鲤"的"史诗级"跨越,与此前的杨××一同成为网友竞相转发的"真人锦鲤",并迅速引发了全民讨论。各大媒体紧追热点撰文,发表不同的看法,而商家则开始模仿支付宝的此次营销活动,在其他平台搞得风生水起。从"锦鲤"的社会语境出发,结合我们前面所讲的爆款选题技巧,还可以继续带动全民狂欢,创作下一篇点击量100万以上的爆款文章。

我还想给大家推荐一个寻找热门话题的途径——"即刻",它基于个人兴趣,基本上聚合了微信朋友圈最火爆的内容,且拥有app和公众号两个平台载体，能够使用户清晰明了地看到什么推送热度最高。这样，你就可以迅速在爆款内容的下面找到新的选题。

"即刻"的定位是"年轻人的兴趣社区"，用户可以通过它关注自己感兴趣的人物、事件和资讯。"即刻"会跟踪相应的事件动态，并通过推送通知让用户及时获取自己关心的信息。

除此之外，还有新榜和搜狗热搜榜。这两个平台上可以看到全网文章的点击量排名，也很容易就能发现热点话题。

新榜和前面介绍的平台不同，它定位于"内容创业服务平台"，以榜单为切入口，向众多企业和政府机构提供线上、线下数据产品服务，其"号内搜""新榜认证""分钟级监测"获得了广泛应用。

在协同内容创业者商业化方面，新榜依托数据挖掘分析能力，建立用户画像和效果监测系统，连接品牌广告主和品牌自媒体，用一年时间迅速成长为意见领袖、自媒体原生广告服务商，旗下电商导购服务团队也已成为连接自媒体和供应链的重要桥梁。新榜还向图文、视频内容创业者提供版权经纪服务，并通过与"新希望""罗辑思维""如涵"等共同发起设立的新榜加速器实现内容创业投资孵化。

最后，推荐大家关注一些新媒体人或者加入一些新媒体人的社群，多研究他们的言论，尤其是朋友圈发布的内容。圈内朋友常笑谈，做新媒体人，敏锐度就要像狗一样，有一点儿风吹草动就能很快发现其中的热点。

多向新媒体人学习，不仅可以发现热点，还可以研究他们日常在写哪类内容，毕竟，除了追热点，还有许多选题可做文章。

"工欲善其事，必先利其器。"在选择选题前首先要明确一个概念——用户思维。选题一定要和目标读者相关，只有选择读者想看的、喜欢看的内容，文章点击量才会高。所以，找选题的前提是，明确你的目标读者是谁。比如，"新世相"和"罗辑思维"的受众肯定存在差别，假如"罗辑思维"发表了一篇有10万以上点击量的推文，而换在"新世相"上发表，却未必会有同样的效果。

下面汇总一下3种寻找选题的方法。

第一种方法是关注一些粉丝基数大的自媒体平台，包括微信公众号、微博号、今日头条号、抖音号等。

我们之前提到的新榜的榜单上不只有公众号文章的排名，还有按照不同类型划分的公众号排名。建议大家寻找和自己创作领域相同的平台号，比如体育类的、情感类的、科技类的，关注相同创作领域中优秀的平台号，仔细研究它们的日常选题。如果你要写体育领域的推文，既有"虎扑"这样的大平台，也有像"张佳玮"这样的专业名人可供参考；如果你要写时尚圈的推文，既可以学习《时尚芭莎》等专业杂志，也可以学习"深夜发媸"中素人变装的内容。每个平台号都有自己独特的风格和定位，你可以从它们日常的推送内容中挖掘出一些符合自己公众号定位的、特别有趣的选题。

微博也是如此。以我为例，我早些时候主要写情感类的文章，所以会在微博上关注一些情感类博主，例如"搞笑段子"，看它们写的哪一条微博的点赞数和评论数高，就把它作为选题素材。

由新榜评出的年度各行业垂直领域排名中，资讯类微信公众号平台"人民日报""新华社""环球日报""人民网"名列前茅；教育类微信公众号平台"学生安全教育平台""21世纪英文报""七天网络""英语流利说""凯叔讲故事""丁香妈妈"等都炙手可热；娱乐类微信公众号平台中"D1NOVO""粤知一二""papi""暴走大事件"等可供参考；科技类微信公众号平台中，"好奇博士""酷玩实验室""乌鸦校尉""果壳""虎嗅app""知乎"等是榜单常客；生活类微信公众号平台中"我的天然工坊""顺丰速运""名创优品"等都在榜单前列。

第二种方法是根据内容定位关注一些平台，比如豆瓣、知乎、抖音等。

我们依旧以举例的方式进行说明。如果你是影评写手，一定会关注豆瓣，因为在豆瓣社区，经常会有人讨论和电影相关的话题，比如电影榜单、电影打分、电影评论……这些都可以作为选题。

如果你想寻找一些深度分析的文章，或者想写一些比较理性的推文，知乎是一个非常便捷的平台。你可以在上面寻找相关的话题，寻找话题中的优质评论，挖掘其中的观点，为选题提供参考。当然，如果你想找一个话题的反面论调，也可以去知乎搜索相关内容，下面的评论中自会有各种各样的分析，指出其中很多不合理的地方，这些内容可以帮助你在做选题的时候发现不一样的角度。

例如，有一个摆在面前的现实问题：为什么毕业三四年之后，同学之间的差距会越来越大？你会如何切入这个选题呢？个人努力、人生机遇、家族传承……从每一个不同的个体考虑，我们都能找到不同的影响因素，所以这些都不是普适性的回答。

而知乎上专业领域的"大神"给了我们什么启发呢？通过采访数位年纪轻轻就实现年薪百万的90后，利用各种数据和图表，总结出来一点：工作后的成长差距，本质上可以分为认知差距和能力差距。能力差距是线性的，依靠个人学习和努力就可以弥补，但是成长的差距依然在拉大，这是因为存在认知差距。

你可能社会调查做得不到位，可能专业知识不如别人丰富，但依然可以通过学习和研究专业领域的调查，基于科学的结论，结合身边的故事，用平易近人的语言表达出来。这样不仅能阐发哲理、贴近生活，而且可以引发共鸣，不至于让人难以理解。

如果你想做一些单纯的、小而美好的内容，在抖音寻找灵感最为合适。抖音上的各种场景和生活搞笑短剧，都是深受网友喜爱的素材和选题。

第三种方法是关注评论，比如微博评论、爆款内容评论、网易云音乐评论等。这一点我们在前面有过具体的讲解，就不再赘述了。不过要特别推荐一下网易云音乐，很多人只是用它来听歌，但对我而言，看其中的歌曲评论是我的一大乐趣。网易云音乐里面的评论内容非常丰富，包含着一些听歌人自己的故事，有的令人印象深刻，有的令人潸然泪下。这些故事都是选题的素材，大家可以尝试从不同角度挖掘不同的主题。

网易云音乐的热评还被戏称为"听着别人的故事，流着自己的眼泪"。也有不少自媒体号靠整理和转发这些热评来吸引粉丝，其中感情故事占据了很大一部分。

爱情主题下，《追光者》热评：影由光而生，光却为影而在。记得中学时有这么个问题，什么时候的影子最长？是早晨太阳升起时，也是每天黄昏日落时，还有我望着你背影的时候。

分手主题下，《方圆几里》热评：放弃一个喜欢的人是什么感觉？就像一把火烧了你住了很久的房子，你看着那些残骸和土灰的绝望，你知道那是你的家，但是已经回不去了。

友情主题下，《兄弟》热评：年龄越来越大，朋友越来越多，兄弟越来越少。

亲情主题下，《稻香》热评：小时候，暑假里都要去农村的外婆家，外婆背着我踏过麦田坎儿去一口浅井打水洗衣服，井里好多小虾。20多年过去了，她80岁了，得了抑郁症和阿尔茨海默病，再也背不动我了，还好，我能背得动她。

童年主题下，7 Years 热评：小时候想要快快长大，真正长大以后才会懂得还是小时候最开心，可惜一旦错过了就永远都回不去了。

工作主题下，《孙大剩》热评：最怕一生碌碌无为，还说平凡难能可贵。

成人主题下，《悟空》热评：今天去看了《大圣归来》。我旁边有个小孩儿问他妈妈"这个不是动画片吗？为什么有这么多大人来看？"，他妈妈回答"因为他们一直在等大圣归来啊，等啊等啊，就长大了"。

生活主题下，《李导演》热评：一人北漂快 10 年，成了我最不想成为的"人模狗样"，想想租过的地下室，洗了双袜子，4 天没干，而我无奈地笑了笑之后穿上了。

我们所讲的爆款文章的选题思路，其实不只可以用在写文章上，也适用于拍广告、拍影视剧等。所有内容产品的底层逻辑都是一样的，就目前来看，最终的结果也完全符合我们所讲的逻辑和规律。无论如何，你必须做用户想看的，他们才会买单。

不知大家是否看过电影《妖猫传》和《前任 3》，作为同期上映的电影，它们的票房走向却截然不同。《妖猫传》无论是从成本投入上，还是团队阵容上，都可以说是冲击奥斯卡的豪华配置：投资 9.7 亿元，陈凯歌担任导演，王蕙玲担任编剧，众多一线明星参演，甚至为了影片拍摄专门建了一座唐城。再看《前任

3》：投资5 000万元，一个不太有名的导演加两个热度一般的男明星。两部电影最终的票房一个是19.4亿元，一个是5.3亿元，只不过拥有19.4亿元票房的是《前任3》，冲击奥斯卡的团队败给了筑梦演艺圈的团队。

为什么《妖猫传》只收获了5.3亿元的票房？因为国人推崇大师的时代已经过去了。没有人关心你，观众关心的是他们自己。

《妖猫传》给我讲了一个别人的故事，而《前任3》讲的是"我"的故事。很多朋友在看《前任3》的时候，看的不是郑恺、不是韩庚，而是他们自己，影片非常有代入感，看电影的时候，就是在看自己。而《妖猫传》呢？它讲了一个杨贵妃的故事，可是，谁在乎呢？

同理，姜文执导的《邪不压正》为什么不火？因为姜文用的还是曾经的方法，但是观众已经不是曾经的观众了。如果《让子弹飞》现在上映，效果也可能会不尽如人意。为什么呢？因为时下观众的特点是，我觉得我看不懂，就不看了，你表达你的思想，我不想接受，我只关心我自己。

所以，我们之前所讲的选题方法，包括写热点所选的切入角度的方法，其实是适用于所有内容消费品的。

我们再分析一部电影——《后来的我们》。这部电影的主题能火，其实就包含了我们讲的10个选题元素里的许多元素。

《后来的我们》讲的是一个关于一对在异乡漂泊的年轻人的爱情故事。10年前，见清（井柏然饰）和小晓（周冬雨饰）偶然相识在归乡过年的火车上，于是两人怀揣着共同的梦想一起在北京打拼，并开始了一段相聚相离的情感之路。10年后，见清和小晓在飞机上再次偶然重逢，虽碰撞出火花，却再也回不到最初。

大家可以参照10个选题元素来拆解一下这部电影，看看都有什么。首先，是"北漂"这个群体。其次，见清是小晓的"前任"，小晓是见清的"初恋"，这是爱情元素。除此之外，见清的爸爸对小晓还存在"亲情"元素。我身边的很多朋友说，他们没有被前面的感情戏感动，却被见清爸爸的亲情戏感动了。这一系列剧情安排说明，影片的制作团队非常了解观众，知道什么元素可以打动观众。其中的信息点非常密集，多个元素混合在一起，就有更多的观众可能被打动，也就再一次验证了前面所讲的内容。

还有一部电影叫《无名之辈》，与《后来的我们》中的设计元素不尽相同。它涉及的群体元素是社会底层毫不起眼的"小人物"，然后触动人心的情感元素是"奋斗与拼搏"——为了女儿，为了结婚，为了出人头地，为了赚钱养家，为了生活和梦想。这部电影的爆款元素其实不多，但针针见血。"无名之辈"就好像一部影片中在片尾字幕里以路人甲、乙、丙、丁表示的那些没有姓名的人。或许光影片名就能引发好多人的共鸣，激发他们的观影欲望，毕竟这个世界能呼风唤雨、光辉耀眼的人物少之又少，大多数人只是默默生存的无名之辈而已。

除了大电影，我们再来分析一个短片。

2019年1月17日，短片《啥是佩奇》在朋友圈和微博圈刷了屏，收获了非同凡响的一致好评，有"2019年开年第一爆款"之称。

短片的叙事手法十分简单，以爷爷去探寻"啥是佩奇"为主要线索，在经历了查字典、向村民求助、发现名叫"佩奇"的网红女主播、买"佩琪"洗发水之后，终于在"老三媳妇"的告知下知道了佩奇是一只粉色的小猪。于是，爷爷利用家里的鼓风机，经过喷漆、改装之后，给孙子准备了一份"硬核朋克风"的佩奇礼物。爷爷在探求"啥是佩奇"的过程中虽然笑料百出，其背后折射出的却是爷爷对孙子一句玩笑话的在意程度，正是这一份爱与在乎，戳中了我们内心最柔软的部分。

短片的背景时间为返乡过年的时候，切合现实社会临近春节的时间点。在老家的爷爷与在外地工作的儿子、孙子三代人的对话一出，马上唤起观众的团圆、思乡之情，引发满满的情感共鸣，大家纷纷表示"看哭了""我也想爷爷奶奶了"，这是短片成为爆款的原因之一。成为爆款的原因之二在于，农村老人和城市年轻人的两大群体对比。农村的爷爷信息闭塞而不知佩奇为何物，城市里的儿子只想接老人去城里过年，两类群体之间的鲜明对照也引发了社会大众的共情和思考。

我也曾经做过一个小视频,叫《恋爱盲测实验室》,发布之后,效果非常好。

这个小视频就是完全按照写爆款文章的逻辑做的,使用的内容都参照 10 个元素。我们讲述了几种爱情,进行了一场不看年龄、不看收入、不看职业、不看脸的测试。参加测试的人来到现场以后,第一次见到彼此的反应被我们捕捉了下来,做成了这个视频,结果受到许多网友的喜爱,很多媒体自动帮我们转发。

除了视频,运营公众号、微博都可以用到这个逻辑。比如,微博上有一位粉丝数 5 000 多万的博主,名叫"微博搞笑排行榜",他早期发的微博中 99% 的内容都在讲 4 个字——爱而不得,紧紧结合热点,抓住爱情这个元素,前任、初恋、暗恋……抖音中的许多爆款短视频也是如此。

业界比较典型的案例还有网易推出的活动,很多都能引发大家的共鸣,比如此前的荣格心理学测试。可能从心理学层面来说,这一测试就是赤裸裸的"伪科学",但不知道细心的人有没有发现,它所测出的结果大都非常符合当代人的心境。比如说有网友测试出来的结果是:"×××,你的外在人格是战士,内在人格是孤儿。"这句话正好戳中当下年轻人的"痛点",面对巨大的压力,你不得不活得像一位战士,可是偶尔静下来,内心却难免觉得空落落的,像孤儿一样无人理睬。

爆款视频不仅要体现娱乐性,还要有能够直抵人心、触碰人性的效果。这一点，在《她挣扎48小时后死去，无人知晓》这部作品中体现得尤为明显。这部动画短片以第一人称的视角，讲述了一个小女孩及她的家乡被"恶魔"屠杀的全过程。"恶魔"侵占了她的家园、掠走了食物，最残忍的是一个个生命丧于"恶魔"之手。女孩的爸爸妈妈为了拯救女孩的性命牺牲了自己，看到这里不禁让人唏嘘。万万没想到的是，剧情最后出现了转折，"恶魔"现出真身，网友发现，原来真正的"恶魔"是我们人类自己！被屠杀的对象并非其他，而是蓝鲸！这原来是一个以动物保护为主题的公益动画短片，制作人通过黑白色的画面，带给观众一种"紧迫感"，而在这种紧迫感的带动下，我们便更想一探究竟，了解主人公"她"的遭遇。

总之，选题是有限的，而创意却是无限的。

本节内容通过这些业界案例，想传达给新媒体工作者一个信念：在有限的选题中找出无限的角度，结合不同的元素，选用不同的套路，形成效果迥异的爆款创意，这是我们努力的方向，而且这并不难。

标题篇

如何写出高点击量的标题

在搜索引擎中输入"标题"二字，几秒钟之后就会有数百条信息映入我们的眼帘。"100条吸引人的标题""文章起标题有何技巧""标题撰写的基本法""醒目而吸引人的标题"……回想日常生活中的细节，我们不难发现，其实标题无处不在：每天浏览的公众号推文有标题，《新闻联播》报道新闻需要标题，就连写工作报告、年度总结时，为了能够让老板眼前一亮，我们也会绞尽脑汁地想一个好标题。正如"听过这么多道理，依然过不好这一生"一样，许多人也面临着"看过这么多标题，依然起不出一个好标题"的困扰。最初做新媒体时，我也有着同样的问题，经常想标题想到失眠，躺在床上望着天花板沉思整晚。为什么标题如此重要？我们耗费大量的精力只为了一个标题，值得吗？答案显而易见——值得。

题好一半文——我们为什么要起一个好标题

不知道大家有没有类似的经历,从第一次写作文起,语文老师就常说:"题好一半文。标题起好了,文章的开头也就立住了。"我当年的语文老师是一个40多岁的文艺中年男人,每次写作课他都会点名让同学们评价范文的标题好在哪里,有什么地方需要改进,然后自己再点评一番。在他的教导下,至今我都记得标题的作用,例如概括文章的主要内容、作为文章的线索、具有象征意义、引起读者阅读兴趣……不过,在公众号、短视频蓬勃发展的今天,我们初高中时代学习过的标题的作用似乎有了些许改变,那些曾经背诵过无数遍的标题的作用和现实生活之间的联系远不如和分数之间的联系密切。换言之,如今我们对标题的需求不同了。唯一没有改变的是标题的重要性。大家不妨回想一下：我们每次打开微信订阅号界面的时候，会同时看到众多公众号、视频号的推送，最终却只会选择一篇推文或一个视频。那么问题就来了：你为什么会点开这个推送？促使你决定点击进入浏览的原因是什么？其实答案很简单，只有两个字——标题。

和大家分享一个数据。读者看到一篇推文的标题，决定要不要点击浏览的时间是多久呢？只有 0.01 秒。也就是说，如果一篇文章的标题在 0.01 秒内没有吸引住读者，那么它几乎就失去了被阅读的机会。即使作者为了写这篇文章花费了几个小时、几天甚至几个月的时间，并且文章内容丰富、选题新颖、逻辑严谨……但读者没有阅读，这些就都失去了意义。

就像我们找工作，你个人能力强、工作经验丰富、专业对口，偏偏简历做得很差，人力资源专员在简历这一轮筛选中就把你淘汰出局了，你的所有才能就都失去了展示的机会。但如果你能多费一些心思，认真排版，仔细设计内容，让你的简历从众多应聘者中脱颖而出，就会首先受到人力资源专员的青睐，进而使其愿意去了解你的能力、经验。标题如同简历一样，是走向成功的敲门砖，同时也是具有决定性的因素。

在读者一扫而过的浏览瞬间，只有标题足够吸引眼球，才能获得读者的更多关注，进而促使读者点开，最后才会有所谓的高点击量、高转发率。如果你对数据感兴趣，可以回想或者自行查找一些点击量超过 10 万或者 100 万的文章、视频等的标题，做一个对比标题的表格，或者选取几个你日常浏览较多、比较喜欢的平台，将它们的推送标题和点击量数据做一个对比，来初步探索、领悟一下点击量和标题之间的内在联系。

如果你是微信公众号、知乎、抖音、小红书等平台某账号的运营者，之前没有或者极少做这种类似的标题和点击量的数据分析，我建议你做一个长期的数据跟踪对比，要特别注意图文浏览信息统计中会话和朋友圈中点击的次数，这对于账号的定位和发展大有裨益。实践是检验真理的唯一标准。标题的重要性不是我讲出来的，而是有数据作为强大支撑的。

既然标题有着如此重要的作用，我们该怎么取一个能勾起读者点击欲的标题呢？在讲具体的方法之前，先为大家纠正一下起标题时常见的三大误区。

第一个误区：标题越长越好

大家可能都听过这样一句话：短标题已死，标题越长，越能吸引读者点开浏览。事实上，这是一个没有产品思维、很不尊重事实的论断。

为什么这么说呢？接触过各大平台账号后台运作的朋友应该都知道，在不同版本和型号的手机上，作品的标题显示的字数可能是不一样的。例如，同样一篇文章，在安卓版的小米 Note 手机上可以显示 30 字左右，而在 iOS 版的 iPhone8 手机上只能显示 20 字左右。如果一篇文章的标题超过 20 个字，就会在许多读者的手机上显示不完全。试问，读者看不全推送消息的标题，会懂得这个消息的主题吗？如果不知道主题，读者还会愿意点开这个推送吗？不过，这也不代表短标题就一定是好的、能吸引读者的。既然读者会因为标题过长，看不懂推送的主题而不愿意点开，那是不是也会因为标题过短，不能充分理解主题而放弃点开呢？因此，过分追求标题字数的多与少是没有意义的。我们之所以不提倡标题过长，首先是从技术层面考虑的；而从内容层面来说，标题过长或者过短，都不利于吸引读者点开浏览。因此，标题字数适中即可，最重要的还是能够吸引读者点开标题。

第二个误区：标题的信息量要大

曾经有个朋友让我帮忙修改一篇文章的标题，它的原标题是这样的：《农村妇女做自媒体月入过万：别在前途光明的行业里选择失明》。

读完这个标题，大家有什么感受？我问了身边的几个朋友，大家的普遍感受可以用 3 个字来概括：看不懂。前途光明的行业是什么行业？农村只有自媒体行业前途光明吗？农村妇女做自媒体怎么了？这件事和我有什么关系？

后来，我帮她把标题改成了《农村妇女做自媒体月入过万，你呢？》。

我为什么这么改呢？我们先来简单地分析一下原来的标题，它恰巧陷入我讲的两个误区。

第一，这个标题有 26 个字，过长，读起来费劲，难以引起读者的阅读兴趣。

第二，原标题的信息量过多，不够聚焦。"农村妇女做自媒体月入过万"和"别在前途光明的行业里选择失明"这两句话都是很不错的立意点，单独而言，是能够吸引读者的，但是放在一起就显得冗长了，有些画蛇添足，起到了事倍功半的反作用。

所以，我选择把后半句直接删掉，同时强化了前半句，在标题的末尾加上一个"你呢？"这样看似平淡、不起眼的小反问句，加强了文章和读者之间的联系，形成与读者的互动，使读者产生了好奇心，不禁反思："农村妇女月入过万，为什么我每天朝九晚九地上班却只有 5 000 元的工资？"

最后需要再强调一点，你在起标题时，要多想一想"少即是多"这句话，将注意力集中在一个爆点上的效果有时远胜于将所有的爆点全部呈现给读者。就像糖吃多了，就忘记甜是什么味道了，读者通过标题接收的爆点太多时，反而不容易产生好奇心。

第三个误区：标题的作用就是概括文章内容

这也是很多人在起标题时最常陷入的误区。我们之前在学校读书时，语文老师经常强调标题的作用是概括文章内容，再加上传统纸媒中新闻通讯稿等的影响，使得大家习惯于把标题当作对文章内容的高度概括和总结。传统媒体的新闻通讯稿标题之所以需要对文章内容进行高度概括，是因为受其体裁和内容需要的影响。但是从事新媒体行业，特别是自媒体，标题需要根据自媒体本身的特点来进行调整。

我们来看一则典型的报纸新闻的标题——《广州白云机场两日接送游客超 41 万人次》，这个标题就是对文章内容的高度浓缩和概括。报纸的版面有限，内容呈现方式以图文并茂为主。当标题和正文同时呈现时，要求标题非常简练，最好可以对内容进行高度概括和总结，这样读者在看报纸的时候，即使在时间很短的情况下，只扫一眼标题，也能获取重要信息。

近年来，媒介融合迅速发展，新华社、人民网等国家级媒体的公众号积极创新，顺应新媒体风格，只要大家留心一下就不难发现，它们的不少新闻标题都很接地气。例如：

《东北人都用铁锹吃冰激凌了？真相是……》（人民网）

《取钱后，丢了毕生积蓄！她心生绝望时，一张小纸条出现了……》（人民网）

《为生命点赞！女儿"借"母亲子宫，生下自己的宝宝……》（新华社）

《母亲写给儿子的这21张请假条，让人泪目！》（新华社）

这是因为新媒体的信息呈现方式是折叠式的，正文是隐藏的，读者第一眼只能看到几十个标题，如果标题不能吸引读者点击，那点击量自然不会高。

所以，标题也需要根据载体的不同来进行区分，从而使其发挥应有的作用。报纸新闻标题的作用是高度概括文章，为读者节省时间；而新媒体内容的标题的作用主要是吸引读者点开，这一点一定要牢记。

我在刚做新媒体的时候，常常为起一个好的标题感到心力交瘁。有时候花一夜时间想出来几十个标题，自己再精挑细选，然后一个个否定。所以我后来在网上查找了许多好标题的"生产"方法，又研究了数千个好标题，取其精华，去其糟粕，终于形成了一套自己的起标题的方法。

谈起"好标题"，可能大家的第一反应是类似《快看，×小时后删除》《震惊！×××竟做出……》这样的标题。的确，在新媒体刚兴起时，这样的标题能够快速吸引读者，但是，如今新媒体行业不断发展，竞争日益激烈，好标题早已不再是最初那种只为夺人眼球、与内容毫无关系的"标题党"了，因为它们已经被时代所淘汰，被人们所厌恶。好的标题不仅能吸引人，更能贴合时代、符合主流审美。追求点击量、浏览量绝不代表可以践踏底线和道德，这也是每一个从事新媒体行业的人所应该坚守的职业操守。唯有如此，平台号才能长远发展，行业风气也才会越来越好。

接下来，想和大家分享我个人总结的起标题的方法，帮助大家想出好标题。

8种起标题方法，
1秒内让受众忍不住点击

好的标题的判断标准是什么？让受众愿意打开阅读。受众怎样才会愿意打开？是和受众形成互动，能让受众增长知识，还是涉及明星八卦？

其实都不是。归根到底，答案只有3个字：感兴趣。受众对标题感兴趣，就会促使他们点击进行浏览。

有同行向我反映：总是猜不透受众心理，不知道受众在想些什么，搞不清究竟什么样的标题才会让受众感兴趣。我个人遇到这种问题时会使用两种简单的小方法来解决。首先，我们可以将角色调换，自己不再是内容生产者，而是受众，用受众的思维来思考：我会喜欢什么？我想看到什么内容？但是使用这种方法时也要注意，不要沉浸在自己的喜好和设定里不能自拔，要区分好受众的喜好和我们个人的喜好。其次是"择其善者而从之"，根据自己所运营的平台号的定位和风格，寻找几个较为类似、比较成熟的账号，通过观察这些账号的标题和点击量，揣摩受众对什么类型的标题感兴趣，之后再对照自己的账号的不足之处进行改进。

我所总结的起好标题的方法，没有复杂的招数或套路，而是用最简单、直接的方法争取最快速的成功，简单易懂，只需两步即可做到。

第一步是找到"敏感词"。

第二步是将敏感词加入我为你定制的 8 种起标题方法中。

首先，我们来说"敏感词"。什么是敏感词呢？我认为敏感词就是当大家看到这个词以后，不需要经过大脑思考，下意识就会点击的词语。

例如，先请大家阅读以下这段文字：

在朋友圈晒 10 年前对比照的人，都逃不过 3 个词：结婚、离婚、至今单身……

10 年前，我们还年轻气盛、一脸单纯，对电视剧中描绘的美好信以为真。每天最大的乐趣就是守着电视机等待喜欢的剧集播出，最大的烦恼也不过是父母的念叨，还有作业和贪玩之间的抉择。

10年后,看剧的人变成了独当一面的大人,剧中的人也没有逃脱时间带来的巨变。

曾经火遍大街小巷的电视剧,成了小年轻口中的老古董,却是我们一遍遍细细品味的回忆和青春。幼稚又热血的爱情,我们也只能在偶像剧里回味。10年,我们把爱情的轰轰烈烈存进年少时最爱的剧集,渴望平淡过一生。10年,回不去的时间,求不来的蜕变。10年,改变的不只是世界,更是你我。我们拥有了回不去的时间,也有了求不来的蜕变。

(节选自微信公众号"视觉志")

这段话有300多个字,在阅读完之后,大家肯定会从中找到几个特别容易记住的词语,比如"10年""爱情""青春"等。这些令你感到印象深刻、容易记忆的词语,其实就是我们所讲的敏感词,起好标题的第一步,就是要将内容中的敏感词提炼出来。那么,我们怎么知道自己找的是不是敏感词呢?这里提供两个简单易行的方法。

验证敏感词的第一种方法,在微信里就能完成。只要在微信搜索栏输入"微信指数"这4个字,就会出现一个小程序,进入小程序后,在搜索栏输入你想查看的任何词语,都能看到它的24小时热度、7日热度、30日热度和90日热度。例如,我在搜索栏输入"刘××"3个字,某日的指数是231 054,日环比下降了3.93%，而5天前的热度指数为3 638 071，日环比上升了1 480.58%。我猜测那一天刘××可能是有什么节目或者作品上线，热度比较高，所以当天他的名字就成了"敏感词"。如果在那天的推文的标题里使用他的名字，搜索到这篇推文的人会相对较多，推文的阅读量也会相对高一些。使用这种方法时要注意贴合自己的推送内容，不要强行蹭热点、寻找敏感词，如果内容和标题偏差较大，容易引发不满，起到反作用。但总体而言，这个功能对于确定敏感词效果还是不错的。大家在给推送内容起标题时，可以把自己想到的敏感词输入小程序中，查看其热度指数，这样就能很快判断受众对这个词感不感兴趣，然后再结合实际情况，考虑是否要将这个词语放入标题中。

验证敏感词的第二种方法和我们前面提到的判断受众对标题是否感兴趣的方法有些类似。我们在起标题时可以去一些优秀的公众号上看它们点击量最高的文章标题，看看它们都使用了哪些词语，哪些词语的重合度、出现频率较高，那么这些词语就是敏感词，我们可以将这些词语直接用在自己的标题当中。

运用以上两种方法找到敏感词后，接下来应该如何使用呢？我总结了8种起标题的方法，可以帮助你又快又好地想出高点击量的标题，提高推文的浏览量。

起标题方法1：数字法

在使用敏感词的时候，加上一些数字会达到更好的效果。先来看下面几个例子：

《超过90%的情侣，根本没有爱情》

《只需200块，让你看起来年薪200万》

《弄清楚这5点，再决定要不要坚持》

《18岁以上读者，请在小孩陪同下阅读本文》

《试问，谁不想25岁赚3亿美元啊》

看完以上几个标题，你对文章内容感兴趣吗？想点击进去阅读这些文章吗？这几个标题中带有数字的推文的平均点击量都达到了10万以上。在《人类简史》中有这样一个观点："人类大脑天生对数字敏感。"我们的大脑生来就不喜欢太复杂的信息，而数字有利于简化信息，降低我们接收和理解的成本，所以，相比文字而言，数字信息会比较容易触发人的潜意识，让受众忍不住就想点开阅读。

在使用这个方法的时候，数字至关重要，但是你所选择的数字要结合内容而定，具有不同的特色。例如，标题《超过90%的情侣，根本没有爱情》，90%这个数字较为夸张，令受众觉得震惊——大部分人都没有经历过真正的爱情，那什么才是真正的爱情？受众会忍不住点进推文看一看。又如《弄清楚这5点，再决定要不要坚持》这个标题中的数字需要结合内容，如果改为《弄清楚这50点……》读者点开后发现只有5点，就会有受到欺骗的感觉，因此这种数据尽量不要夸大。

在《只需200块，让你看起来年薪200万》这个标题中，200出现了两次，第一次是200元，第二次是200万元，二者之间有1万倍的差距，会给受众造成视觉冲击，使其忍不住点开文章阅读——究竟怎么做才能达到这样的效果呢？许多优秀平台的推文中有不少这种使用对比数字、重复数字的标题，点击量大都超过了10万，并且标题和内容的联系也较为紧密，如果大家感兴趣，可以单独进行研究。

在《18岁以上读者，请在小孩陪同下阅读本文》这个标题中，没有利用数字的重复和对比，而是采用了特殊数字来吸引受众。18岁比较特殊，代表着成年，它把人划分成成年和未成年两类，同样会吸引受众产生阅读兴趣——究竟是什么内容的文章我还需要孩子陪同阅读？除此之外，这篇文章的题目还巧妙地运用了一个反差，"成人在小孩的陪同下阅读"，打破了以往儿童在成人陪同下做某件事的惯性思维，这种反差的存在更加重了受众的好奇心。

我们可以利用前面介绍的找敏感词的途径，直接套用数字法写出一个标题：《95%的女人都爱上过"渣男"》。95%这个比例很大，大到大家一下子就想点开。反言之，如果标题是《1%的女人都爱上过"渣男"》，那么这篇文章就缺乏吸引力了。这就是取一个好标题的第一种方法——数字法，它的关键就是数字。

至于是否使用夸大的手法或是特殊的数字才会有更好的效果，我们不能一概而论、以偏概全，需要根据具体的主题和内容进行具体分析。大家不妨多找几篇使用数字法起的标题进行研究，万变不离其宗，看多了自然就会有更深的领悟。

起标题方法2：对比法

我曾经给国产化妆品品牌——大宝，写过一篇推文，推文的题目是《你们在国内买SK-II，老外在中国抢大宝》。大宝市场部的人看到这个标题感到非常开心，因为我把大宝和"神仙水"放在了同一等级，把大宝比作中国版的SK-II。

而在我们的传统印象中，提起大宝一般离不开两个形容词：实惠、好用。而提起SK-II，许多女生可能会说："贵不是SK-II的错，是我贫穷的错。"这个标题将比较便宜的大宝和昂贵的SK-II这两种反差极大的商品放在一起，利用了这种强烈的反差，无形中将大宝的地位抬高了，最重要的是让大宝的受众觉得自己的地位提高了——原来大宝在国外这么受欢迎。这篇文章当时的反响非常不错，点击量突破了6位数，达到百万级别。

从事广告行业的朋友可以结合自身情况或者案例的特点来借

鉴这种方法，说不定也会有令客户称赞不已的惊喜效果，从而避免陷入每天不停地修改方案、灵感枯竭、"急需植发"的困境。平台号的运营朋友们在接到撰写营销广告的任务时，也可以尝试使用这种方法，特别是在创作广告文案的初期，了解如何植入品牌广告、品牌的宣传语是什么，都是十分重要的。前期基础打得牢靠，推送效果好，客户满意度高，才会有更多的客户慕名而来，进而有利于提升广告价位，促进公司长远发展。起一个好的标题对公司发展而言居然有这么重要的作用，标题的重要性就再次得以体现了。

言归正传，我们在使用对比法时，有一个句型一定要熟记，就是我们在小学时就学过的"一边……一边……"，这个看似简单的句型在新媒体内容推送中发挥着不可忽视的重要作用。

例如，《谁的人生不是一边在生活，一边在不想活》这篇推文曾经也是刷爆朋友圈的爆款文章。这个句型中，前面的"生活"和后面的"不想活"两部分是同时发生的，采用这样的对比手法，表现出人们面对生活的无奈，说出了很多人想说却说不出或不敢说的话，引发了受众的强烈共鸣。

因此，学会了这个句式，只需十几秒，我们就可以起一个好标题。例如，我想写一篇关于现在的婚恋问题的文章：许多人嘴上说着不去相亲，却还是受不住爸妈的唠叨、亲戚的热情，在少得可怜的空闲时间里和家里人介绍的陌生人相亲。如果没有学过对比法的标题模板，可能我会起这样的题目：《相亲：一场说着不要不要却不得不去的无奈社交》。但如果使用对比法中的"一边……一边……"句型，我们可以毫不费力地起这样一个标题：《谁不是一边坚持不婚主义，一边被迫相亲》。把两个题目放在一起比较，高下立见。这个标题将两种想法进行对比，从更深的层次来说，是两代人观念的碰撞与妥协。现在许多年轻人的婚恋观是坚持"不婚主义"，或是不将就，如果等不到自己的意中人，就一直单身，但是他们的父母认为人到了一定年龄就必须要结婚，于是开始四处为他们张罗相亲。于这些单身者而言，这是一道坚持自我还是维系亲子关系的选择题，他们一边努力坚持自己的想法，一边又不得不对父母做出妥协。一个不到20个字的标题，通过对比，使受众瞬间感受到其中的复杂与无奈。类似这样具有对比性质的标题可以吸引很多受众，使他们产生阅读兴趣。

起标题方法3：热词法

初次看到"热词法"，可能大家会感到些许熟悉，因为之前在讲选题时已经强调过热点的作用。但是我发现，许多朋友在写和热点事件相关内容的时候会选取一个非常晦涩或者看似颇为深奥的标题，以至于受众光看标题，根本看不出文章或视频是和哪个热点事件有关。

例如，如果我发表了一篇题目为《喜欢很久很久的女孩今天出嫁了》的文章，你知道我想写的是哪一个热点事件吗？想必大家很难猜到。所以我给这篇文章起的标题其实是《唐嫣罗晋结婚：喜欢很久很久的女孩今天出嫁了》。只有把热词写到标题里，点击量才会高，因为受众关心这个热点，他们想了解事件的原貌，也想知道你对这个热点事件的看法，方便自己以此作为谈资。

我之前和业内朋友进行交流时，曾经问过他们：为什么要将标题起得晦涩难懂？他们表示，当一个热点事件出现时，会有成百上千个平台号对这个事件进行解读、采访、报道，受众难免会形成审美疲劳，从而不愿意点开带有这个热点关键词的推送。我又问：那你会看和这个热点有关的推送吗？他们的答案都是肯定的。我继续追问：那你看的推送的标题里会带有这个热点事件吗？他们仍然给了了肯定的答案。

所以，问题的根源就在这里。不是因为热点事件出现在标题中造成审美疲劳而使受众不愿意点开，而是因为某些水平欠佳的平台号，即使在标题中涉及了热点事件的元素，依然没有取出一个好的标题，从而误导了刚进入新媒体行业的从业人员，令他们剑走偏锋地选择一些晦涩难懂的标题，导致点击量不高。从事新媒体行业，追逐热点是行业常态，就像新闻行业，同一个新闻被《人民日报》、新华社、中国新闻网等平台同时报道是再正常不过的事情，可我们不能因为害怕"不够出彩"而选择放弃正确的方法，而是应该在意识到存在这样的问题后，对正确的方法进行深入研究，并把它和自己运营的平台号的特点、风格结合起来。

起标题方法 4：疑问法

什么是疑问法？其实很简单，那些以疑问词结尾或是以问号结尾的标题，就是用了疑问法。

疑问法最大的好处是什么呢？请大家回想一下：上课的时候老师忽然提问你，开会的时候主管突然点你的名字，那个瞬间你的第一感觉是什么？是不是感觉这件事和你有关系？疑问法就是利用了这种"和'我'有关系"的感觉，让标题和受众之间产生联系，令受众觉得这件事和自己有关，所以应该点进去浏览。

那疑问法具体应该怎样运用呢？我给大家提供一个疑问法的公式：疑问词（如"为什么""是什么""如何""哪些"）+问号（？）。

这是很多自媒体人最常用的方法，比如：

《那个躲在厕所里吃饭的孩子，后来怎么样了？》
《为什么现在的男生越来越恨嫁？》
《20××年还剩100天，你过得怎么样？》

关于疑问法的使用，有一个非常重要的手段要教给大家：要善于利用反常识。如果只用疑问法的话，我们可以想出一个80分的标题，但是如果加上反常识的话，我们就可以想出一个120

分的标题！所以，我经常说，疑问法的核心是反常识。

举例来说，像《你们真以为富二代只有钱？》《为什么有钱人不只能过好这一生？》这样的标题，我们的一般认识是，"富二代"大都不学无术、游戏人生、挥金如土，他们过得好无非是因为会投胎。但"富二代"真的只有钱吗？他们真的什么都不会吗？他们看似无所事事的背后是不是也有着不为人知的辛酸，甚至比常人更努力？这两个标题都站在了思维方式的对立面，却能激发受众的兴趣。

看到《那个躲在厕所里吃饭的孩子，后来怎么样了？》这样的标题，受众自然会心生疑问：为什么孩子要躲在厕所里吃饭？发生了什么事情令他不能在桌子上吃饭？那他后来怎么样了？有没有改变曾经的状况？"在厕所里吃饭"这个反常识的点，一下子就抓住了受众的好奇心，让其在脑海中产生了连环问题，最终落实到点开推送的实际行动上。

通俗点儿来说，狗咬狗没人想知道为什么，但若是人咬狗，人们就会想知道到底发生了什么。这就是反常识的魅力。当我们提出一个和常识相悖的点的时候，大众都会想知道为什么！

数字法、对比法、热词法和疑问法是起一个好标题的 8 种方法中的 4 种。心急吃不了热豆腐，不积跬步也无以至千里。在学习剩余 4 种方法前，建议大家先温习、梳理一遍这 4 种方法，结合实例将学到的方法转化为自己的知识。你有可能在看到部分标题时，会发现它们既运用了对比法，又运用了数字法，或者某个标题运用了热词法，但也有一些疑问法的痕迹。

当你看到标题有这种想法时，首先要恭喜你，因为你已经开始以专业的眼光和视角来看待一个标题了，这是从业余走向专业的表现。接下来不妨再多思考几个问题：这个标题好在哪里，还有没有可以改进的地方？如果要改进，怎么改会更好？经过日积月累的努力，你起标题的能力就会有明显提高。不过仍要牢记那句话："少即是多。"一个标题最多也就 20 个字，如果你在标题中运用了三四种方法，很有可能让受众又陷入这个标题究竟想要表达什么的迷茫中了。

起标题方法 5：对话法

对话法，顾名思义，就是假设你在和一个人进行对话。这个方法非常有趣，我们先来看几个例子：

《你能不能让着点孩子？——不能！》
《周六再回老板消息我就是他孙子！——爷爷》
《暴发户有钱了不起啊！——了不起》

这就是我们说的对话法。在使用的过程中有两点需要注意：

第一点，前半句是经常出现在我们生活中的话；第二点，后半句搭配一个有趣或者有力的还击。

很多优秀的平台号也经常会用这类标题：

《你竟然嫉妒你闺蜜？——我也是！》

《婚后如何保持恋爱感？——跟老公搞暧昧！！》

大家仔细品味一下这种方法的奇妙之处。首先前半句话是"你"在和他人进行对话，是信息在两个人之间的传递。"你能不能让着点孩子"的主语是"你"，"婚后如何保持恋爱感"的主语也是"你"，"你竟然嫉妒你闺蜜"这句话中更是两次出现了"你"，通过对话的形式，作者和读者在瞬间进行了交互体验，在前半句就使读者对文章产生了一种亲近、熟悉的感觉。后半句搭配一个有趣或者有力的回击，使得交互过程更加完整，和前半句构成逻辑关系，同时也是标题的亮点所在。

例如，在《你能不能让着点孩子？——不能！》中，前半句话经常出现在什么场景中呢？可能是在和"熊孩子"家长的对话中，"孩子还小，不懂事……"熊孩子所有的错误都被溺爱他们的家长用这些话来搪塞，因此那句"不能"，就成了许多人心里敢怒而不敢言的话。利用对话的形式，将大家平时想说又不敢说的话吐出，对前半句话形成有力的回击，这还称不上一个好标题吗？

当我们想使用对话法时，后半句话至关重要，其中涉及了不少心理学的知识。大家如果有兴趣的话，可以对心理学进行系统的研究，分析人们究竟对什么类型的对话感兴趣、有探究的欲望。但如果只是需要想出一个好的标题，那我们所讲的这几种方法也足矣，可以不再进行过多的研究。从我个人的感受而言，新媒体是一个很神奇的行业，它的神奇之处在于它能够和各类学科相联系，就连一个文章标题，如果深入研究，也有可能会从心理学、传播学、逻辑学等学科中找到合理的解释。

例如，我曾经写过一篇叫作《曾经为我打架的兄弟，现在和我不再联系》的文章。从马斯洛需求层次理论分析，打开这篇文章的人，大都出于人类五种需求中的社交需求，也就是对于友情、爱情、归属有所需求，这些需求促使他们在看到这个标题后点击并阅读文章。如果是出于生理需求，读者应该去寻找食物和水，而不是阅读文章。除此之外，从另一个角度解释，读者也可能是出于猎奇心理而打开了这篇文章，人人都有好奇心，曾经为"我"打架的兄弟，为什么不再和"我"联系了？中间发生了什么变故或者误会？至于为什么要起这样一个题目，我认为这和"使用与满足"理论有关，我站在受众的立场，通过分析受众对媒介的使用动机和获得需求满足的心理，便起了这样的标题。

起标题方法 6：好奇法

好奇法的小技巧是，话说一半，把另一半关键信息隐藏起来，以勾起人们强烈的好奇心。例如：

《这 13 句不该说的话，80% 的女生都说过》
《微信新功能，检验一个人爱不爱你》
《抖音粉丝 7 000 万，papitube 做对了什么？》
《25 岁时，你一定会被问……》

这 4 个标题都使用了好奇法。

第一个标题只是说"这 13 句话"，并没有阐明这 13 句话具体是什么。

第二个标题没有说明微信的新功能是什么，为什么能检验一个人爱不爱你，这样就引起了读者对这个新功能的好奇。

其实这种方法在我们的生活中也经常被使用。大家回想一下，我们身边那些说话喜欢说一半的朋友，每次讲话都先说"我有一个特大消息，绝对猛料"，在你刚提起兴趣准备听他的下文的时候，他却长叹一口气说："唉，算了算了，不说了，说了你也听不懂。"每到这个时候，我们就特别想掐着他的脖子说："你快说，你快说！快说！"

不过，使用好奇法最好能够和数字法相结合，这样会让人觉得更真实、有料，达到事半功倍的效果。

比如，在第一个例子《这13句不该说的话，80%的女生都说过》中，如果你将数字13删去，把标题改为"不该说的话，80%的女生都说过"，那这个标题就会令人觉得是危言耸听，什么话是不该说的话？世界上不该说的话这么多，不止80%的女生都说过吧？同理，如果我们将80%删去，将标题改为"这13句不该说的话，许多女生都说过"，也同样达不到原来的标题的效果。许多女生是多少女生？许多女生和我有什么关系？我又不是其中的一个。读者很可能会有这样的想法。因此，在使用这样的句式起标题时，怎样使用数字才能最大程度地引起读者的好奇心，需要我们仔细思考后再做出决定。

起标题方法7：俗语法

俗语法是指利用一些大家都知道的、耳熟能详的句子，延展出你要表达的观点，重点是句子一定要押韵。我们来看一些例子：

《朽木不可雕也，胖子不可美也》

《人固有一死，或重于泰山，或死于加班》

《朋友一生一起走，谁先脱单谁是狗》

《人生没有白走的路，但是有弯路》

俗语法其实是最省时的起标题的方法，同时让人读起来感觉很有意思。看到"朋友一生一起走"这句话，大家脑海里都会自动浮现出下半句"那些日子不再有"，但是作者将这句话换成了"谁先脱单谁是狗"，仅仅一个标题就融合了友情和爱情两个元素，朋友间"重色轻友"的形象便跃然于纸上，十分具有趣味性。与这个标题相类似，还衍生出了《朋友一生一起走，我先脱单狗就狗》等标题，都是对俗语的加工改造。

除此之外，改编俗语中的关键词也可以使受众觉得耳目一新，提高其阅读兴趣，这种方法同样也适用于广告界。例如，"爱笑的人，牙齿都不会太差"是益达口香糖的广告语，"出来混，包迟早要换的"是小红书的广告语。将俗语进行改编，对于品牌来说，无形中拉近了和顾客的距离，建立了信任，成本低、效果好。对于平台号的标题来说亦是如此，可以举一反三，运用在各个合适的地方。

大家也可以尝试改编一些俗语中的关键词，使其达到令人耳目一新的效果，如《梦想总是要有的，万一忘了呢》。这类标题由于读起来朗朗上口，读者看一遍就能达到过目不忘的效果。其原理和前面几种方法类似，就不再过多赘述了。不过使用这种方法时切忌强行改编俗语，如果改编的效果过于尴尬，反而会搬起石头砸自己的脚。

起标题方法 8：电影台词法

在综艺节目《奇葩说》中，马薇薇曾坦言自己有严重的抑郁症。如果要写这个热点事件，可以结合港剧中的经典台词"做人呢，最重要的就是开心"起标题——《马薇薇抑郁症：做人呢，其实最重要的就是开心》。看到这样一个标题，受众会马上回想起港剧中演员说这句话时的语气和场景，这样就瞬间拉近了推文和受众之间的距离。这句台词可以使用的范围也很广泛，讲生活受挫的选题、"佛系"青年的选题，都可以用这句经典台词结合热点来起标题。

薛之谦和他的前妻高磊鑫复婚之后，我们针对这个热点事件，改编了由张国荣和梁朝伟主演的电影《春光乍泄》里面的一句台词："黎耀辉，不如我们从头来过。"我们同样只是换了一个人名，标题为《薛之谦复合：高磊鑫，不如我们从头来过》。

这部电影本来就堪称经典，读者对它十分熟悉，对其中的经典台词亦是耳熟能详。当受众看到这个标题的时候，会不由自主地联想到台词，产生一种熟悉、亲切的感觉，回想起电影中的画面。再加上标题中的敏感词，结合当下热点，为吸引受众点击进入公众号阅读文章提供了双重保障。

使用这种方法对于起标题的人来说难度较高，首先要对各种经典电影的经典台词做到了如指掌，其次要将经典台词和热点事件进行适当的组合，这样才能达到好的传播效果，引发受众共鸣，使他们点击进行浏览。

其实，起标题的过程就像一个人的成长过程，需要不断进行打磨和完善。很难说我们想出来的第一个标题就恰好是最合适的标题，绝大部分情况下，我们需要想出几个甚至是几十个标题，再反复衡量，进行取舍。

找对敏感词、套好句式，只能表示我们取了一个还不错的标题，但它不一定是最好、最合适的。实际上，在确定标题之前，我们还需要进行一些测试，通常会使用以下两个办法：自我测试和找一些受众来测试。

在受众看到这个标题之前，你首先要进行自测。如果自己起的标题，连自己都不想点开，那受众又有什么理由点开呢？那么自己该如何测试呢？你应该通过什么标准来判断标题能不能用呢？

第一点：看到这个标题，你自己想不想点开。其实自测就是测试标题最好的也是最有效的方法。你具有双重身份，在创作时，你是一个创作者，赋予内容骨架和血肉；但当你完成创作后，你的身份就转换成了普通的读者、用户。一个标题好不好，受众的大脑会自动给出判断。

关于这一点，心理学家基恩·斯坦诺维奇和理查德·韦斯特提出了大脑中的两套系统，即系统1（感性）和系统2（理性）的概念。其中系统1的运行使我们生来就能感知周围的世界，能够认识事物，依靠感性的认识对事物进行初步的判断。我们之前也提到过，受众根据标题决定是否点开的时间是非常短暂的，只有0.01秒，这么短的一瞬间，不可能有理性的思考，是否点开，全部依赖于系统1的感性判断。所以，身为创作者的你就是最好的受众，取完标题之后，生成预览模式，快速地扫一眼，看自己是否有点开标题的欲望。如果连自己都不想点开，那这个标题肯定就是失败的，赶紧删了重写吧！

在对是否想点开标题进行了初步的判断后，我们也可以接着进行深入思考：我为什么想点开这个标题？这个标题中的什么字句吸引了我？我为什么不想点开这个标题？什么内容令我反感？虽然受众确定是否想点开标题只需运用感性思维，耗费0.01秒，但我们要及时转换成创作者思维，对标题建立理性认识，进行深入思考，对其优点和缺点进行总结分析，不断完善，这样才能使自己起标题的能力不断提高。

第二点：标题内容和受众是否有关。在互联网上创作内容，切忌孤芳自赏。创作者一定要具有用户思维，知道用户想看什么，需要什么，哪些内容能够吸引他们。只有做到自我表达与满足用户需求相结合，才能写出他们爱看的文章，才能达到高点击量、高浏览量。千万不要自我感动：这篇文章我花费了很长时间去写，为了起这个标题我一晚上没有睡觉，为了追这个热点我放弃了和男朋友约会……努力固然重要，但努力的目的是得到受众认可，而不是单纯的自我认同。

同样，在检验标题的时候，我们也要具有用户思维。测试标题是否与受众有关：这个标题是不是受众关心的？是不是受众想知道的？是否对受众有用？如果都不是，那就立即放弃，重新想吧！

以上两个标准就是我对标题效果进行自我测试的参考依据。

好标题的标准生产流程：
判断、自检与修改

在标题的自我测试中，我多次提到了要具有用户思维，但是如何才能具有用户思维呢？只把自己当作用户，根据自己的喜好闭门造车是不可能成功的，起标题亦是如此，只顾自己闷头想，肯定不行。有的标题你很喜欢，但大部分受众不喜欢；有的标题大部分受众喜欢，但是你因为个人喜好，将这个标题扼杀在了摇篮里。归根到底，衡量一个好标题的关键在于受众喜欢。目前，国内顶尖的自媒体企业都认识到了这一点，并摸索出了一套关于标题的生产流程。

标题生产流程主要分为 4 个步骤：

1.通过套用不同的标题句型模板，从不同的角度，起 10~15

个标题。

2.根据标题自我测试的两个原则，先从中选出 5 个标题。

3.将选出来的 5 个标题发送到粉丝群里，由大家投票。

4.根据投票结果进行数据分析，最终确定标题。

这样经过层层筛选和科学的数据分析，最后确定的标题基本上就是合适的标题。

在标题生产流程中，有两点需要大家特别注意。

第一，如果你想在互联网上进行创作，在开始阶段一定要建立自己的种子用户群，或者粉丝群。你可能会有各种各样的疑虑，比如，我刚开始创作，没有什么粉丝。那你可以把自己的亲朋好友作为第一批粉丝，用心运营，让他们参与你的内容创作，从选题、标题，到内容，以及内容发表之后的评论与转发，完成第一步的创作和传播，积累下一批受众，巩固和受众之间的关系，定期和他们聊聊天，了解大家感兴趣的内容。不积跬步，无以至千里。很多优秀的平台号都是这样一步步做起来的。

第二，为大家推荐两个投票软件：一个是投票帮，一个是腾讯投票。通过投票软件，用户只需 1 秒钟就可以完成投票，方便快捷。

以上就是起标题的方法和流程。其实，除了这些模板和套路，想写出令人眼前一亮的好标题，平时的积累也至关重要。这就是我们常说的建立一个标题库。

针对标题库，首先为大家讲一种现在大部分人都在用、行业内很多新媒体同人经常讲到的方法。我们可以把自己所有的作品标题统一整理在一张表格里，通过记录和分析每个作品的点击量和浏览量，总结出哪些词语是你的受众比较敏感的，是他们一看到就想点开的，这些就是我们在前文中多次提到的敏感词。除此之外，通过这种方式也可以总结出哪些标题的句式更符合受众的喜好。把这些敏感词和句式记好，以后反复利用，就可以了。

这是一种最基础的方法。但是这种方法存在一个明显的弊端，就是在刚开始使用时效果比较明显，点击量较高，但时间久了，受众会产生厌烦情绪。试想，受众每天都看到类似的标题，还会想点开吗？就像你连续两个月都只吃同样的午餐，再见到后你还有拿起筷子的欲望吗？所以，我们还是得另辟蹊径，不断更新和迭代标题库，进行创新。下面我给大家提供两种我自己建立标题库的方法。

第一种方法：从定位相似的优秀的平台号中寻找标题。

如果你运营的是公众号，定位是情感类，就多关注一些情感类的自媒体公众号，比如"新世相""视觉志"，找到它们的点击量最高的几篇文章，分析它们的标题，找出敏感词和句式。

如果你的公众号的定位是餐饮类，可以关注像"餐企老板内参"（原名"餐饮老板内参"）这样的公众号，分析它的文章标题里有哪些是读者特别愿意点开的敏感词。

如果你运营的是职场类公众号，就多关注"领英""Spenser"

这样的职场类公众号，研究它们经常使用的标题句式有哪些特点。

我们一定要明白，和自己定位相似的平台号，它们的受众群体也会和我们的相似，甚至具有高度的重合性。所以分析已经取得成功的平台号的作品标题，就像站在巨人的肩膀上看世界，是一种非常高效且快捷的方法，可以避免走许多不必要的弯路。

第二种方法：从畅销书的书名、目录中去找标题。

你可能会感到奇怪：为什么要从书名和目录中找标题？我们不是做新媒体的吗？

答案很简单。因为这些畅销书的书名和目录是经过市场验证的。一本书之所以能畅销，它的书名和标题起到了80%的作用。

试想一下，我们在书店里或者购物网站上看到一本书，首先看到的一定是书名，随后才会翻看里面的目录，只有书名和目录吸引你，你才有可能进一步阅读书中的内容，最终决定是否购买。

之前我也曾咨询过在出版社工作的朋友，他们告诉我：畅销书的书名和目录，都不是作者一拍脑袋或者某个编辑随随便便就能决定的。它的制定流程和前面我们讲过的标题的标准生产流程非常类似。在优秀的出版社，书名和目录需要数位了解市场、能把握读者需求的编辑反复讨论，经过筛选，才能最终确定下来。由此可见，畅销书的书名和目录非常值得我们在起标题时学习借鉴。

"师傅领进门，修行在个人。"以上就是我个人对于如何起一个好标题的经验之谈。新媒体是一个年轻的、充满活力的行业，相信这些方法还会不断更新和发展，而创造的"钥匙"，就掌握在你的手中。

结构篇

如何搭建令读者欲罢不能的文章结构

一篇文章，除了内容以外，好的结构也是吸引读者的一大因素。试想，文章内容极好，却毁于不够吸引人的开头，或结构混乱、论证不够清晰有力，抑或不能给人留下深刻印象的结尾，岂不可惜？相反，好的结构能有事半功倍的效果。

在我看来，好的文章结构最重要的就是开头、结尾以及中间的内容框架。好的开头能吸引读者去读你的文章的精彩内容；好的结尾能让你的文章的内容得到升华，促使读者传播你的文章；好的内容框架能让你的文章逻辑更清晰、更有说服力。因此本章将分别从这3个角度展开，教你如何搭建好文章的结构。

8 种开头模板，
快速写出勾起读者阅读欲望的开头

这一节我们主要解构文章的"开头"。点开文章后，读者最先看到的就是文章的开头，能不能让读者产生继续阅读的兴趣，与作者写开头的能力息息相关。如果开头前 3 句话不能吸引住读者，他们可能就会选择放弃阅读，那作者为这篇文章付出的心血也会付诸东流。

在之前我所看过的许多文章中，其开头普遍存在两大问题：

第一，作者随心所欲地创作，自己感到非常满意，读者看了却完全没有兴趣继续阅读。

第二，作者能够意识到开头的重要性，却总是花很长时间一直思考，迟迟无法动笔，导致效率低下。

接下来我会教大家怎么套用 8 种开头模板,解决不会写、效率低的问题,让你写出让读者欲罢不能的开篇。好的开始是成功的一半。同理,写出好的开头文章也就成功了一大半。

模板 1:提问式

何谓提问式开头?顾名思义,就是以问句作为开头。而汉语问句形式一共有 3 种——疑问句、反问句、设问句,所以提问式就是将这 3 种问句形式中的一种放在开头的方法。

这是一种很常见的开头方式,是最基本也是最好用的开头模板,很多平台号都在用。有一个很火的原创电影公众号叫"Sir 电影",它发表的文章就非常喜欢用提问式来开头。

其中有一篇推荐电影的文章,叫《有部网红片我要拍烂手推荐》,开头正是提问式。它的开头是这样写的:

每天打开热搜,最火的是什么?

明星八卦。

对于名人隐私,人们总是有种天生的窥探欲。

接着,作者继续展开文章主题:

Sir 发现,负面消息,尤为能够引起人们的关注。
……
八卦,这时就成了一个动词,几乎等同于,剥夺。
剥夺的是,明星的光环。
而你有没有想过,当那个被剥夺的人变成自己呢?
夺去的,如果是你最基本的感官呢?
《寂静之地》中的剥夺,是不能说话。
《无声夜》中的剥夺,是不能听到。
最近又有一部惊悚片,讲的是不能看见——《蒙上你的眼》。

这篇文章以"每天打开热搜,最火的是什么?明星八卦"这个设问句(自问自答)开头,用大众对明星八卦的窥探欲引出"剥夺"的主题。

引出主题后,文章又来了个问句:"而你有没有想过,当那个被剥夺的人变成自己呢?夺去的,如果是你最基本的感官呢?"将"剥夺"引到读者自身,也渲染了接下来要介绍惊悚片的紧张氛围。

其实,提问句并不只有在写文章时才会用,经典文学作品、影视作品中也经常出现这样的用法。

短篇小说巨匠莫泊桑的《壁橱》就是以一个反问句开头的:

用毕晚餐,大家聊起了妓女,要知道,男人们相聚而侃,如不以此为题,焉有其他的谈资?

由这个反问句,展开叙述了一名男子去嫖娼,在妓女家中的壁橱里发现了她睡着的儿子——女子幼年时被人强奸生下了这个孩子,其后为了生计才做了妓女。试想,怎样的社会才会导致"男人们的谈资只有妓女"?这个反问句道出的事现在看来实在不可思议,却恰恰是当时黑暗社会的真实写照。作者正是以此看似荒诞的问句,为全文奠定了情感基调,来表达对当时社会的不满。

再比如电影《致青春:原来你还在这里》的开头是一段画外音:

你心中是否也有这样一个人?
他离开后,生活还在继续,
他留下的痕迹,被平淡的日子逐渐抹去,
那些遥远而明媚的青春年华,
也已在泛黄褪色的记忆里慢慢枯萎。
当时光流逝,兜兜转转,
那个人,是否还会在原来的地方等你?

一开头就来一个问句，一段话结尾再来一个问句，引发观众去思考：有没有人在原来的地方等我？一头一尾的问句，深化了电影主题——"原来你还在这里"。

在引发观众思考的同时，也勾起了观众的兴趣。"原来你还在这里"，说明主人公"离开过"，吸引观众看下去——这部电影的情节是怎么发展的？中间发生了什么使主人公离开？主人公又为什么回来？"还在"的那个"你"和主人公是什么关系？……

这就是提问式开头。不过，并不是所有的问句都可以放在最前面作为开头。你在使用这种方法的时候，要注意3个要点：

第一，制造悬念，引起读者注意和思考。

第二，加强情感，引发读者共鸣。

第三，从文章的结构来说，要承上启下，即承接标题，开启下文。

如果开篇的问句没有在文章中起到这3个作用，那就要换掉重写。所以，当你在用这种提问式开头模板时，一定要不断地审视自己的问句：有没有制造悬念？能不能引发读者共鸣？是不是开启了下文？只有做到这3点，文章才算是有了一个好的提问式开头。

模板2：对白式

对白式开头里的"对白"，是指文章里的主人公或者与情节有重大关系的人物的对白。将这些人物的对白作为文章开头时需要注意一点：一定要选取能够激发读者阅读兴趣的对白，使读者眼前一亮。

我特别喜欢一篇文章——《对啊，就是嫌你穷，才分手的啊》。其实这篇文章是一个粉丝数量很少的公众号写出来的，但是发出去之后，迅速刷爆全网，很快就被"视觉志""意林"等行业内的大号转载，点击量达到了10万以上。

我当时看到这篇文章时，立刻被它开头的第一句话吸引了，原文是这样写的：

"饿。"发完这条状态3个小时后，我就成了杨哥的女友。

看完这句话后，你是不是和我一样，瞬间有了继续阅读的兴趣？20来个字，短小精悍，留下了很多悬念。

这句话如果放在文章中间，效果可能就稀松平常了，但是放在文章开头，立刻就有了截然不同的感觉！

把文章中亮眼的、有爆点的信息，以对话的形式呈现，来制造悬念，抓住读者眼球，引发读者好奇心，是一种很好用的开头方式，新媒体人屡试不爽。

对白式开头的核心要点是，对话要短促，要有爆点，像钩子一样，勾着读者往下读。

对白式开头不仅在新媒体文章中被广泛运用，在现代小说中，也被大量运用于开头的写作，如狄德罗的哲理小说《宿命论者雅克和他的主人》，弗吉尼亚·伍尔芙的《达洛维夫人》《到灯塔去》，等等。

我们不妨一起看看狄德罗的《宿命论者雅克和他的主人》是怎么写开头的：

"他们是如何相遇的？"

"像所有人那样，纯属偶然。"

"他们叫什么？"

"这又有什么关系？"

"他们从哪里来？"

"从最近的那个地方来。"

"他们要去哪里？"

"谁又知道自己要去哪里？"

"他们说什么了？"

"主人什么都没有说，而雅克说他的上尉说过我们在这世界上遇到的一切幸与不幸全都是天上写好了的。"

这个开头用了一长串人物对话，使小说好像是很随意主观地从故事的任何一个部分展开，有意冷落读者的存在，却又迫使读者更快进入书内情境，悄悄加快了小说的代入感。

再来看看鲁迅先生是怎么运用"对白式"开头的：

> 秋天的后半夜，月亮下去了，太阳还没有出，只剩下一片乌蓝的天；除了夜游的东西，什么都睡着。华老栓忽然坐起身，擦着火柴，点上遍身油腻的灯盏，茶馆的两间屋子里，便弥漫了青白的光。
>
> "小栓的爹，你就去么？"是一个老女人的声音。里边的小屋子里，也发出一阵咳嗽。
>
> "唔。"老栓一面听，一面应，一面扣上衣服；伸手过去说，"你给我罢。"
>
> 华大妈在枕头底下掏了半天，掏出一包洋钱，交给老栓，老栓接了，抖抖地装入衣袋，又在外面按了两下；便点上灯笼，吹熄灯盏，走向里屋子去了。那屋子里面，正在窸窸窣窣地响，接着便是一通咳嗽。老栓候他平静下去，才低低地叫道，"小栓……你不要起来……店么？你娘会安排的。"

这是鲁迅先生《药》这篇小说的开头。这里运用了华老栓和他老婆华大妈的对话，以及华老栓对小栓的嘱咐，简简单单几句就交代了人物关系，更引起了读者兴趣——华老栓去做什么？为什么要拿钱？小栓怎么了？为什么父母没睡，让他躺着？通过这样的手法，引得读者往下读，最终揭示了"人血馒头"这样黑暗和愚昧的社会现象，表达了主题。

以上就是对白式开头的魅力，它能让你情不自禁地跟着作者的思路往下走。

模板3：交流式

什么是交流式开头？这里的"交流"是指作者与读者间的交流，用在开篇，可以拉近作者与读者的距离，使读者觉得读文章的过程就像在和老友交谈般亲切和愉快。

只讲定义是有些生涩，我们不妨来看几个例子。这也是大家在文章开头可以借鉴的句式：

你有没有……
我不信你……
你相信吗？……

不知道大家有没有发现这几个句子的共同特点，那就是它们都含有第二人称"你"，就是这一个"你"字，可以轻轻松松营造一种与读者面对面交流的效果，读者觉得亲近，也就会顺着作者的思路往下看，而且这种面对面交谈的感觉也更容易使读者产生共鸣。

大家可以看看这篇影评——《再怎么吹爆李安都不过分》所使用的"交流式"开头,它同样来自公众号"Sir 电影":

> 过完元旦等过年的 Sir,仍有满满工作的动力(你信吗)。
> 反正,看着那些为抢票在朋友圈气急败坏刷屏的人,
> Sir 突然也有点想家了。
> 甚至想马上就坐到家里的饭桌旁。

这篇文章用元旦引出话题,以朋友唠家常的口吻开头,仿佛在和朋友诉说自己的思乡情,从而引出"饭桌",而"饭桌"正是该文章要评论的"李安三部曲"的共同内核。

这就是交流式开头的直接效果,它主要体现在以下两方面:

第一,增加亲切感,像是你在与读者面对面交谈,无形之中拉近了读者与你的文章的距离。

第二,加强感染力,把读者快速带入场景、融入角色,跟着你的节奏继续下去。

这种开头方法在日常写作中比较常见,特别是在销售类文案中频频出现。比如,我的微信朋友圈里有一些卖货的"宝妈",我经常看到她们发类似这样的朋友圈文案:

> 你是否曾经为约会时,衣领上都是头皮屑而感到尴尬、

难堪?

你有没有想过,相对于你的素颜,对方更爱看化了淡妆的你?

你一定有过这样的烦恼:明明已经很胖了,为什么还是克制不了自己吃货的本性?

所以,多用"你"字,会收到意想不到的效果。

模板4:自白式

自白式就是以故事主人公的口吻来表现人物特征,比如"我这个人怎么样""我要干什么"等。

自白式开头能让读者感觉就像与故事主人公在同一个次元里,正面对着他,听他讲述他的故事,身临其境,从而更能传情达意、感染读者。

自白式开头的关键是,你要给大家一个关心你的故事的理由,也就是让读者对"我",即主人公的故事感兴趣,这就需要以下两个技巧。

第一个技巧是进行自黑和自嘲。

我看过一篇叫《珠海富二代的中场战事》的文章。看到这篇文章时,我立刻便被它开头的第一句话吸引了:

> 广东有最不缺的就是富豪,像我这样的人,充其量也就是活着的条件好一点而已。

看完这句话后,你是不是和我一样,瞬间有了继续阅读的兴趣呢?

广东有很多富豪吗?这个故事的主人公生活条件是好还是不好呢?30来个字,简短精妙,留下了很多悬念。

自白式开头的核心要点就是短、爆,像钩子一样,勾着读者往下读。

第二个技巧是讲述你做的很特别的事情。

> 我21岁时,正在云南插队。陈清扬当时26岁,就在我插队的地方当医生。我在山下14队,她在山上15队。有一天她从山上下来,和我讨论她不是破鞋的问题。

这个开头来自王小波的《黄金时代》。作者以第一人称"我"开头,介绍与陈清扬的相识。本来平淡无奇,就是最后一句——"和我讨论她不是破鞋的问题",一下子就把读者的胃口吊起来了。更何况在当时的时代背景下,"搞破鞋"岂止是特别的事,简直是不可想象的事。为什么陈清扬要和"我"讨论这个?发生了什么?"我"和陈清扬是什么关系?之后"我"和陈清扬的关系会怎么发展?"我"是怎么回答陈清扬想讨论的"破鞋"问题的？……一连串疑问在读者脑海中不断浮现。仅仅一个词——"破鞋"，就让这个开头足够特别。通过"我"做的特别的事，引起读者的注意力和好奇心，让他们按照你设定的路线一步一步阅读下去。

模板 5：呼应标题式

"呼应标题"是指文章的开头与文章的标题形成呼应。简而言之，要做到呼应标题，就要让文章起始几段中有与标题的主旨相呼应的地方，最简单的做法就是扣住文章标题中的关键词。

我在微信公众号"爱格"里读过一篇文章，叫《第三人称》，它就是以呼应标题的方式开头的：

> 从今以后，我只是她生命里的观众。偶尔她提及我，只会用最疏远的第三人称——他。

标题为《第三人称》，文章开头只有两句话，就这短短的两句话，点出了标题——第三人称，使读者大致明白了《第三人称》这个标题的含义：作者在接下来的故事里讲的"第三人称"其实是讲作者自己成为那个"她"的"他"，是要叙述自己和"她"的故事。

我们再通过一个例子来理解呼应标题这种手法。我在2018年国庆节前写了一篇点击量超过10万的文章——《国庆朋友圈鄙视指南》，这篇文章的开头也运用了呼应标题的手法，是这样写的：

十一假期，比人山人海的景点更好看的是争奇斗艳的朋友圈。

自由行的觉得参加旅行团的只是走马观花；出国玩的觉得在国内旅游的都是土鳖一把；宅在家里的刷着景区人挤人的新闻呵呵一笑；在公司加班的却默默成了最大赢家。

每个人都认为自己的朋友圈万里挑一，其实，在别人看来，都是千篇一律。

最精彩的永远不是度过假期的方式，而是每个人发朋友圈时对别人的鄙视。

这篇文章的标题是《国庆朋友圈鄙视指南》，结合了国庆节，很符合当时的时间节点，是一个很吸引人的热点。但是，这个标题也会让读者心生疑惑：国庆节的朋友圈鄙视链是什么样的？哪个层级最高？哪个层级最低？这确实不可能一眼看透。于是，文章的开头就紧扣"朋友圈鄙视"这个标题关键词展开，对标题进行解释：原来，国庆节朋友圈分为这几类——自由行的、出国玩的、宅在家的、在公司加班的，按照一些人心目中的"等级"依次从低到高排列，既解答了读者看完标题之后的困惑，也充分与标题呼应，加深了读者印象。

这种呼应标题式开头的一个好处在于，通过文章开头与标题的呼应，分析标题情绪"等级"，考虑读者读完标题后的内心感受，从而来解答他们心中的疑惑，并且文章的整体感也更强。

模板6：名言警句式

名言警句式开头即在开篇引用或解构名言警句。

其实这种方法很简单，相信你也一定很熟悉，我们在学生时代写作文的时候，为了显得自己很有文采，常常会在开头引用某位名人说的话。

既可以引用名人说的话，比如托尔斯泰的"幸福的家庭是相似的，不幸的家庭各有各的不幸"等，也可以引用一句大家耳熟能详的俗语、谚语，如"士别三日，当刮目相看""自助者，天助之"等。当然，我们也可以引用诗词名句，比如"此情无计可消除，才下眉头，却上心头""人有悲欢离合，月有阴晴圆缺""莫听穿林打叶声，何妨吟啸且徐行"……

我们写自媒体文章或创作其他形式的作品时也可以采取这样的方法，但是要会进行改造，使其更高级一些。除了引用名言警句，我们还要解构名言警句，在原来大家熟悉的名言警句的基础上加上个人的创意,创造出一个新的名言或者有趣的段子。

下面我们来看一个非常好的引用名言的范例。《从孟晚舟到吴秀波,我看到了人性最大的恶》一文是这样用名言引出开头的:

> 作家严歌苓写过:"人之所以为人,就是他有着令人憎恨也令人热爱、令人发笑也令人悲怜的人性。并且人性的不可预期、不可靠,以及它的变幻无穷、不乏罪恶、荤腥肉欲,正是人性魅力所在。"人性的变换,造就了各自的因果。如今回头再看过去的 20 年、30 年,你会发现,一旦人心向恶,恶报早晚会来。2019 年了,做个善良的人吧。

这篇文章用严歌苓的话引出作者想要讨论的"人性"话题——人性的善恶变换,然后又选了"恶有恶报"这个角度来表达文章主题。作者的巧妙之处在于,不是生硬刻板地直接表达主题,而是引用名言来间接引出想阐述的观点。就像以前中国人会在家里的客厅前放个屏风一样,既遮挡了视线,令人无法一眼洞悉室内状况,又起到了装饰作用,婉约含蓄,兼具美感。

修改名言警句,就是将大家耳熟能详的句子、早已存在于大家记忆里的话进行改造。就像是用手指撩拨了一下读者的神经,使读者一下子醒过来,进而亢奋起来。

经常有作者在文章开篇写道"古语有云……",这是许多优秀的自媒体平台号都精通的套路,你不妨也试试。

模板 7：新闻热点式

新闻热点可以从热点事件、热点人物、热门影视作品中来。以新闻热点作为开头，不论是在新媒体领域，还是在传统媒体领域，都经常被使用。它的关键在于你选择切入的这个事件、人物、作品本身必须自带热点。如果你引用的热点没有读者知道，不能引发读者共鸣，那么这种方法就完全失去了意义。

2016年，韩国明星宋仲基凭借《太阳的后裔》这部电视剧在亚洲大火，因为颜值超高、演技精湛，收获了一大批粉丝、迷妹。后来他跟宋慧乔宣布恋情、结婚，继续引发了网友的热烈讨论。犹记得，宋仲基和宋慧乔这则"双宋CP"结婚的消息高居微博热搜榜的盛况，点击量甚至以亿计量。这样千载难逢的超级热点，自媒体人当然不会错过。如果错过这个热点，就等于错过了点击量10万以上、100万以上的机会，于是，关于这个热点的文章、短视频大量涌现、数不胜数。

其中有这样一篇文章，题目是《忘掉宋仲基的颜值，我们来谈谈他的演技》，它的开头令我印象深刻：

听说最近只有两种人——宋仲基的老婆，和其他人。

简单的一句话，结合了当时最火的热点，又创造出一个具有新鲜感的金句。当时网络上转发这篇文章的人大都把这个开头当作推荐语。

文章的开头中含有热点，能极大地勾起读者的好奇心，给读者提供一个可以与别人闲聊的谈资。

以我的亲身体验来说，之前我负责的公众号发表了一篇文章，题目是《杀死那个人贩子》，讲的是一个人贩子当着孩子母亲的面，差点把孩子抱走的故事。它的开头是这样写的：

光天化日之下，有人抢你的孩子，你会怎么办？

不可能发生这样的事？

就在这个国庆节，一个妈妈眼睁睁看着自己的孩子被3个人贩子强行抱起，差点被抢走。

大家感受到其中的微妙之处了吗？开头直接写热点，特别容易勾起读者的好奇心，吸引他们的注意力。

模板8：读者投稿式

要知道，我们写文章的目的是"有人看"，这里的"人"就是读者，要读者想去看你的文章，你的文章势必要能激发读者的兴趣，让读者在读的时候能够产生共鸣。要达到这个目的，"读者投稿"就是一个很好的办法，即通过我们的读者、用户、粉丝投稿，来找到多数人关注、喜欢的点，这样"从群众中来，到群众中去"，何愁我们的文章不能引起读者的兴趣呢？

总结出这个写作开头的技巧也是偶然。有一次和一个同行聊天，聊到最近手头做的事情，她向我"诉苦"，说肚子里的内容都要被搜刮殆尽了，想休假充充电。我就给她分享了一个我平时写作的小技巧，就是去看看后台粉丝的留言，看看粉丝最近想什么、想看什么、想知道什么，这样灵感就会源源不断了。她一试，果然有效，并且在开头就言明文章是从粉丝的反馈里得来的灵感，事实证明，那篇文章反响不凡。而从这次我这位同行的尝试中，我也得出一个结论，将读者的留言等反馈置于文章开头，不失为一种好的写作方法。

以下还有一些例子，可供大家学习参考。

"视觉志"发表的《39岁二胎妈妈朋友圈曝光：我拒绝成为没用的中年妇女！》这篇文章就来自对其粉丝的专访。文章一开头就说"感谢小猪妈妈接受视觉志专访"，一下子就拉近了和读者的距离。被采访的人肯定觉得很骄傲，会自行转发，在朋友圈里宣传；没被采访的人也会积极投稿，期待下一次能被采访，变成文章的主人公。

"深夜发媸"这个公众号我关注已久，虽然这是一个主要受众为女性的时尚公众号，但我看的并非其内容，而是其写作技巧。"深夜发媸"就非常善于和读者互动，最常见的形式是读者会在评论区留言想看某方面的内容，而作者通常都会回复"想看的粉丝点个赞"之类的话语，通过点赞数的多寡来判断读者对该话题的兴趣度。对于受读者欢迎的题材，公众号就会在后续推送相关的文章。以文章《年度口红大赏：这10支，每次涂上都被追问色号》为例，开头是这样的："前两天我们搞了一波激情互动，征集大家在2018年买到的最满意的一支口红，后台留言成千上万，女人啊，果然还是对口红最有热情。"读者一看是征集这么多人的意见得出的结果，那么文章推荐的口红一定适用性很强，便自然而然地想点进去看看大家都喜欢什么、最近流行什么、自己有没有落伍。

以上这些读者投稿式的开头都有助于拉近和读者的距离，让读者觉得文章写的事情与自己"息息相关"。我们可以通过"采访读者""在评论区和粉丝互动"这些方式来获取读者投稿，此外，关注粉丝在后台的留言等常见方式大家也不可忽略。

总的来说，很多爆款推文都不是什么灵光乍现、突发奇想、神来之笔，而是有套路可以练习的。新媒体创作并非先有灵感、先有基础再来创作，而是看多了、练多了，也就有基础了，灵感自然也就来了。

一个好的开头，能让读者将注意力聚焦在你的文章上，从而继续读下去，你就有可能收获更多的评论和点赞。掌握了这8种开头模板，从此告别生硬、尴尬地开启一个话题，让你的文章开头不再难，读者越看越想看，那么你的文章离10万以上的点击量还会远吗？

4种结构模板，
让读者忍不住一口气读完

开头是文章主体里最重要的部分，但是这绝不意味着其他部分可以随心所欲地创作，虎头蛇尾是万万要不得的，必须要把握好文章整体的内容框架，因此我们需要学习如何系统地搭建文章的整体框架结构。我以一些成熟的自媒体公众号为例，将它们的文章框架进行拆解、分析，整理出4种可以直接套用的框架结构模板，为大家提炼出其中的使用技巧和亮点。

其实，我最开始萌发帮助大家搭建文章框架结构的想法，是因为我发现很多刚开始接触互联网写作的人，或者写作技巧不够熟练的人，在确定了要写的选题内容之后，可能会出现两种情况。

第一种情况：满脑子都是想法，却不知从何入手。一篇2 000

字的文章，别人可能一两个小时就可以完成，他可能要花费三四个小时，甚至大半天都未必能写出来。

第二种情况：思想如脱缰的野马，想到哪儿写到哪儿，虽然写作速度快，可是写出来的文章自己读着都费劲，逻辑混乱，偏离主线，明明要去的是罗马，结果却去了希腊。

这两种情况出现的根本原因都是没有提前搭建清晰的文章框架结构。清晰的文章框架结构，可以让你毫不费力地沿着一条主线写下去。你写得顺畅，读者读得也轻松。很多爆款文章的作者写稿速度非常快，就是因为他们有自己特别擅长使用的一套框架结构。他们在想到一个选题、收集好素材之后，就能根据自己擅长的文章结构，把内容很快整理出来。

我通过分析一些公众号的爆款文章，总结出了 4 种用得最多的文章框架。可以毫不夸张地说，这 4 种框架结构都是经过无数篇 10 万以上点击量的文章检验的。下面我以几个具有代表性的公众号的文章为例，包括"拾遗""新世相""视觉志"等，为大家阐述这 4 种文章框架结构模板。

结构模板 1：观点 + 多个事例

"观点 + 多个事例"就是指，先根据"选题篇"中的方法，选取一个具有爆款潜质的"核心观点"，提出观点之后，再用多个事例去印证它。

首先，我们来看一篇文章，来自"拾遗"这个公众号，标题是《好的婚姻，都需要江湖义气》。这篇文章讲述的主题是，在一些婚姻维持得比较久、感情状况比较好的夫妻之间，不仅要有爱情，还要讲江湖义气。

文章的开篇部分用热点事件引入婚姻的话题，讲了当时的4个热点事件：某互联网大佬被曝强奸、某男星被曝是"渣男"、另一位中年男星被揭频繁"劈腿"、某息影多年的女星被传"已经离婚"。由此，引出了这篇文章的观点和主旨，文中是这样说的：

> 我觉得最好的婚姻状态，并不是一生浪漫一生激情，而是充满江湖义气。

接下来这篇文章采用3个名人的故事，即我的模板中说的"多个事例"，来印证这个观点。

用同样的叙述方式，讲同一个主题：

> 年轻时陪男人过苦日子的女人，
> 富裕时陪女人过好日子的男人，
> 这是夫妻之间的义气。

文章最后一段，作者重申了自己的观点：

这世上，
没有十全十美的伴侣，
也没有十全十美的爱情，
那些能白头偕老的婚姻，
都充满了江湖义气，
你不欺我少年穷，
我不负你糟糠恩。

这就是第一种文章结构模板：观点+多个事例。下面来总结一下它的使用方法。

第一部分，即开头，引入主题和观点。在选取观点时可以结合"选题篇"中的方法，选取一个具有爆款潜质的观点。

第二部分，通过多个故事解释、分析这个观点。比如，在《好的婚姻，都需要江湖义气》一文中，就用3个故事解释了有义气的婚姻是什么样的，并且在3个故事的最后，分析婚姻和江湖义气有什么关系，得出观点——义气是爱以外，婚姻长久所必需的。

第三部分，即结尾，升华文章。通过重述观点，再反映到现实，给读者一个行动的召唤。如《好的婚姻，都需要江湖义气》这篇文章结尾的"无论爱情还是婚姻，它的真谛只有一个：当我与你在一起的那一刻，我便放弃了其他可能，'这是咱俩之间的义气'",抑或"一个讲江湖义气的人,无论男女,他/她在做任何事之前,会首先考虑会不会伤到对方",都是在强调婚姻的本质,多点"义气",才会行之远、行之坚。

需要特别强调的是,使用这种模板很关键的一点在于选取的事例。选取的事例除了要贴合观点,还需要事例的主角有一定的认知度和话题性。在讲故事的过程中,作者要紧扣观点,努力呈现一些能体现观点的细节。

结构模板 2:大观点 + 多个小观点

如果你的观点足够有趣,能够打破思维定式,就可以尝试使用这种结构模板——大观点 + 多个小观点。

"大观点 + 多个小观点"具体是什么样的呢?首先,需要提出一个核心观点,也就是我们模板里说的"大观点"。其次,在这个大观点之下,提出几个小观点,即分论点。注意,这些小观点是为大观点服务的。最后,运用一个或多个事例解释每个小观点。

我们通过一篇引起过热议的文章来解析"大观点 + 多个小观点"模板。

这篇文章在开头就提出了一个打破思维定式的观点:被爱,就是要"作"。在常规认知中,大家会觉得"不'作'死就不会死",女生"作"是不对的,没有人会喜欢。但是这篇文章的开头就直接反其道而行之，开门见山地表明"被爱，就是要'作'"，这就是文章的核心观点，也就是模板中提的"大观点"。

紧接着，围绕大观点"被爱，就是要'作'"，列出了4个小观点，其实就是为"大观点"服务的，提出"怎么'作'""怎么正确地'作'"的4种方法。

第一，学会麻烦对方，坦然地提要求。

第二，学会高明地"作"，不露痕迹地"作"。

第三，学会坦然地享受被爱。

第四，学会手把手教男生怎么爱你。

这4个小观点都很打破常规、突破人们固有的认知。因为一直以来，我们都是这样被告诫的：有事情要自己解决、被爱之后应该有付出。但是在这篇文章里，4个小观点打破了人们的普遍共识，因此整篇文章会给读者带来很多有新意的想法，让人觉得惊喜不断。

对创新的观点进行阐述后，要用具体的事例来逐个解释。这篇文章是通过一些细节描写来分析某位女艺人的行为的，进而解释4个小观点在她身上为什么是成立的，以及具体要怎么付诸实施才是正确的。文章最后，对观点进行辩证的升华。因为开头说的大观点是"被爱，就是要'作'"，虽然出彩，但是比较偏激，容易引发读者不满，因此，文章最后进行补充：

> 我们说学会被爱，不是要学会不劳而获，而是要学会如何用温柔交换温柔，以爱交换爱。

这样的观点能更容易被更多读者接受，也对整篇文章带来的"惊喜"起到了缓冲作用。

下面我们总结一下第二种文章结构模板——大观点+多个小观点的使用方法。

首先，如果你的观点足够精彩，可以尝试用一个总观点，围绕它提出几个比较反常规的分观点，不断给读者制造意外和惊喜；其次，用事例阐释这些分观点，要解释到位；最后，在文章的结尾，辩证地分析反常规的观点以进行缓冲，使读者更容易对观点产生赞同感，这样文章的被接受度提高了，对读者的生活也具有参考价值。

结构模板3：观点+多个角度

如果你的写作素材比较丰富，用这个框架进行写作便再合适不过了。

自媒体大号"新世相"最擅长使用这种模板。它的文章总是描绘出很多真实又心酸的生活场景，让读者感到"扎心"，这跟它平时经常做征集活动，收集到很多素材有密切的关系，这种"读者投稿"的方式我们在"开头模板"中提到过。我们大家熟悉的"寻找重庆凌晨4点的人""15个问爸妈的问题""压力大的时候，你会怎么发泄"……这些活动征集的素材，都可以作为

"新世相"文章的内容。

以"新世相"发表的《月薪2万的我,在老家同学面前根本抬不起头》这篇文章为例。文章将在大城市打拼的年轻人与其在老家的同学做对比,从吃饭、工作、玩乐、车房、交友这5个日常生活角度切入描写。

文章的语言其实非常朴实简单,每个角度下都引用一些粉丝精彩的留言,拉近与读者间的距离。叙述中营造出一些生活场景,将独自在大城市打拼的人与在老家生活得很体面的同学进行对比,进而引出一些非常扎心的事实:

回家对比一下才知道,我确实不想过吃外卖的日子了。
在老家的深夜加班,别人觉得你是神经病。
见了很多有趣的灵魂,但有趣的灵魂,很可能不回你微信。
猛一回家,才惊觉同龄人都有房子了,晚上下班回家,有客厅、有电视,还有无敌大江景。

文章结尾,再次重申作者的观点,进一步"打击"在大城市奋斗的年轻人,同时,也给予他们正能量的鼓励:

回去之后才发现,我们在大城市的骄傲,有时只是错觉。
还好我们的自愈能力也比较强(毕竟假期时间也比较短)。

短暂打击一下，还有力气回去上班，并且保持平静。

所以别丧啊，没什么可怕的。

每个在城市打拼的年轻人，都有本事在暴击中笑着活下去。

这里有一句题外话需要说一下："新世相"的文章结尾都很有特色，它专门有个板块，叫作"写在最后"，常常会用一些金句（金句模板将在"爆点篇"详细给大家介绍），一针见血地重申观点，发人深省。

这就是第三种文章结构模板——观点+多个角度。具体提示如下：

如果你的素材足够丰富，使用这种方法就是非常好的选择，可以从不同角度和场景切入。

首先，引出一个比较简单明白、有画面感的观点，例如"新世相"的这篇文章，从标题上就营造了在大城市打拼的年轻人和留在老家的年轻人对比的画面感。

其次，从不同角度描述你的观点，如这篇文章中描写的不同场景，就是从吃饭、工作、玩乐、车房、交友5个角度进行描写的。当然，也可以从其他不同角度进行描写，比如选题元素中讲到的不同情绪的组合。

最后，在结尾将读者拉回现实，或像这篇文章一样给予激励，或讲述在现实中我们可以怎么做，又或者也可以学学"新世相"的"写在最后"，写出发人深省的金句。

结构模板 4：观点 + 一个人物的多个故事

先来看一个例子，"视觉志"发表过一篇文章——《39 岁的 ×× 两月暴瘦 40 斤：对自己狠的人生到底有多赚？》。

这是在 ×× 主演的电影上映后，"视觉志"迅速结合热点，引入了电影的主角作为主题写的文章，一开头就这样写道：

说起 ××，我们对他的印象应该都一样："不要脸"。

紧接着用热点引入话题：

为了完成电影中一人分饰两角的任务，他开始了一场狂虐自己的马拉松。

文章的第二部分，直接描写 ×× 在拍摄该电影时候的艰难：

连续 15 天，每天的摄入量只有 800 千卡。相当于一天只吃 1.8 包薯片，或者两包辣条。对自己最狠的时候，他一天只吃了两个鸡蛋。

一个月后，效果明显：整个人瘦到脱相，免疫功能迅速下降，消化系统严重失调。

随之而来的是严重感冒，酷暑天也必须穿着长衣裤拍戏，每天需要妻子（夫妻二人同剧组）搀扶着才能正常行走。

有6次，都因为血糖低差点昏倒在片场。

其后配上了××在另一部电影中的剧照，面容极度扭曲。这是因为××为体验在极度恐惧中，一个背负多年秘密的逃犯临死前的垂死挣扎，他不顾导演反对，要求真实注射葡萄糖到自己体内，想把自己的生命和角色的生命彻底融为一体。那一刻，没有自己，只有角色……

这篇文章还运用对比手法，通过回忆××年少时的"光彩照人"，反衬出那时他对自己的"狠"。

文章先写影片取得的成果，之后写××付出了非常人能够忍受的努力。用成功对比付出，回扣题目——"对自己狠的人生到底有多赚"，说明"赚"的人对自己"非常狠"。

文章直到最后才引出观点：

想成为狠角色，就得对自己狠。演员入了戏，观众才能一秒入戏。

随后又把这名演员和其他演员进行了对比：

现在有些演员习惯了在生活里演戏、造假，而忘记了自己的本分，以为能浑水摸鱼、名利双收，可惜观众的眼睛雪亮，越来越多人开始拒绝买他们的账……

××今年39岁了，即将步入不惑之年，但给我们的印象依然停留在：年轻、爱折腾、拼命。

这才是对他最大的肯定吧。

整篇文章，仅采用一个人的故事，但从不同时期、不同阶段，并运用对比手法进行表达，就阐述明白了核心观点。

以上就是我们讲的第四种文章结构模板：观点＋一个人物的多个故事。大家需要深度挖掘这个人物不同时期、不同角度的事例，并且可以结合不同的写作手法，将这个人物的事例巧妙地运用于证明观点的过程中。

说句题外话，这篇文章中还隐藏着另一个经验：一部电影，或者一个热点事件出来以后，写主角的故事是抢热点最快、最有效的方法，因为观众都喜欢听故事。

以上就是4种写作的结构模板——观点＋多个事例、大观点＋多个小观点、观点＋多个角度、观点＋一个人物的多个故事。灵活运用它们，能够帮助你在写作时快速搭建文章框架结构，并且能够时刻紧扣主题，又快又好地写出文章！

4 种结尾模板，
让读者忍不住点赞、评论、转发

在前面的内容中，我们反复强调：好的标题能提高文章的点击量；好的文章框架，能提高作者的写作效率；好的开头，能吸引读者的注意力。不知道大家是否发现了这样一个问题：有些文章点击量很高，但是点赞数、评论数、转发量却很少。这多半是因为文章的结尾不够吸引人，不够有力量，不能触发读者进行下一步行动。

请大家务必记住：文章结尾是离点赞和互动最近的地方。即使有的文章开头或者前面的内容都写得很好，但如果结尾不能吸引读者、引发共鸣，也会白白浪费前面的心血。

其实写好结尾也是一件有规律可循的事情。首先问大家一个问题：你知道宜家卖得最好的商品是什么吗？床？沙发？枕头？玩具？都不是！说出答案可能会吓你一跳，是位于出口处的售价2元的甜筒。仅仅是中国的宜家，一年就能卖出1 000多万个甜筒。但宜家卖甜筒的目的并不是赚钱，它是提高顾客体验的秘密武器。

坦白地说，我们在逛宜家的时候会对很多地方感到不满：人流量大、经常会踩到别人的脚、需要自己搬东西、结账时还要排长队，有时甚至在宜家门口都要堵上好长时间……

但是，宜家有个"小心机"，就是在卖场出口的位置，设置一个零食和甜品区，这里的东西不贵，既好看又好吃，能让顾客感到非常开心和满足。这个零食和甜品区是宜家提升顾客体验的关键，如果没有这个区域，顾客体验会差很多。

宜家的零食和甜品区的背后有一个非常实用的理论做支撑——"峰终定律"。峰终定律是诺贝尔奖得主丹尼尔·卡尼曼教授提出的。他认为，人的大脑在经历过某个事件之后，能记住的只有"峰"（高潮）和"终"（结束）时的体验。套用到营销上来说，就是顾客能记住的只有最好的体验和最后的体验。

同样的道理，我们在写文章的时候，也要注意峰终定律，用心打磨文章内容中的高潮和结尾部分。如果文章的结尾能将读者的情绪调动起来，或者给人意犹未尽之感，那么读者就会情不自禁地为你点赞、留言和转发。

那么，如何写出有这种理想效果的结尾呢？我帮大家总结出

4种结尾模板，适用于各种风格的文章，无论是情感文，还是概念文、广告文，都可以使用。

结尾模板1：总结式结尾

我们来看第一种结尾，也是很多自媒体最常用的结尾，即总结式结尾。

我曾经看过一篇很有意思的文章，是陈立飞（Spenser）写的《每个城市里的年轻人，都应该体验一下大保健》，它的结尾就是很典型的总结式结尾：

> 说了那么多，其实我想表达的就是，生命活得健康，活得有品质，是比工作更重要的事情，大家一定要好好珍惜、保养自己的身体。
>
> 成年人了，要懂得节约自己，不要透支自己。
>
> 每个城市里的年轻人，都应该体验一下大保健。

我们来分析一下以上3句话。

第一句话是在总结文章，告诉读者身体健康重于工作；第二句话像是忠告，提醒读者不要透支身体，既像朋友、师长的亲切关怀，又令读者有顿悟之感；第三句话，"每个城市里的年轻人，都应该体验一下大保健"回扣标题,呼吁读者展开行动。

这是典型的总结式结尾。总结式的结尾是最省事的。如果文章很长,观点比较多,在结尾进行总结,能够帮读者重温文章的内容,再使用一些升华主题的语句感染读者,就会使文章既有观点又有情绪,令文章的整体水平更上一个台阶。

在使用这种结尾模板时,可以将结尾分为"3步",即采用3段式的形式:

第一,总结文章的关键点,比如前文中总结的身体健康重于工作。

第二,上升到一定高度,让读者产生共鸣,最好使用金句。

第三,呼吁读者立即采取相应的行动。

结尾模板2:关联读者式结尾

有一种结尾读起来令人感到"意味深长",贴近读者生活,能够引发读者更多的思考,这种结尾我们称为"关联读者式结尾"。

网上曾经有篇很火的职场类文章,叫《为钱工作不可耻,但是可疑》。这篇文章的结尾是这么写的:

所以,当你的工作失去了意义时,不如冷静地问自己:

目前的工作，到底是否符合你的"基因"。如果不是，我想你或许可以回忆下，在过往的经历中，有哪件事能够让你集中精力、忘却时间、忽略外在的声音，并时不时体会到莫大的成就感。

毕竟，能决定你职业价值的不全是钱，还有努力的意义。

这个结尾就是关联读者式结尾。

"关联读者"的意思，主要是指关联读者的工作、生活境遇，让读者在文章中看到自己，产生共鸣，自己思考可以从文章中得到什么价值，怎样提升自己。

这种套路尤其在干货型文章中用得比较多，比如刚提到的这篇文章，核心知识是"心流"，心流就是一个人在做一件事情时忘我、愉快的状态。作者在结尾处运用关联技巧，让读者重新审视自己的工作经历，去发现属于自己的心流，这样就让心流这一知识点成了读者的解决方案，从而提高了这篇文章的价值感。

下面再给大家介绍两个很实用的套用此关联读者式结尾模板的小技巧。

第一个小技巧是一个句型——"……亦是如此"，比如：人生如此，爱情如此，你和我，又何尝不是如此？

这个句型可以把正文里面提及的人和事或者知识巧妙关联到读者身上，让读者产生共鸣。

第二个小技巧就是不断用"你"这个特殊的称谓,加强读者的代入感,让读者看到这篇文章对他们的价值。

结尾模板 3:名言警句式结尾

没错,我们在开头的写法中也提到过名言警句式模板。同样,我们也可以在结尾处恰当地引用或解构名言警句,通过名人富有哲理、发人深省的一句话,留给读者更多思考的空间,让读者有意犹未尽之感。

之前网上有一篇很火的文章——《为什么我建议你卸载"抖音"?》,结尾是这样写的:

> 别人灌输的生活再美好,都不如自己去争取的。永远保持清醒,永远别走捷径,永远坚信未来。
>
> 我很喜欢林清玄的一句话:"好的围棋要慢慢地下,好的生活历程要细细品味,不要着急把棋盘下满,也不要匆忙地走人生之路。"

这篇文章从抖音引申到生活中各种大大小小容易让人迷失自我的人生陷阱,最后告诫读者:面对诱惑,保持清醒,走正道。

在结尾的地方,如果直白地表达自己的观点,不免让人觉得说教意味浓厚，而这篇文章通过引用林清玄的话，让人读起来有一种意犹未尽之感。除此之外，林清玄的语言优美、文笔出彩，在结尾处引用他的话，相当于为读者把转发本文章的文案都配好了。

这个技巧我自己也经常使用。一方面，比起我们说的话，名人的话更有说服力，读者会为名人的话"买单"。另一方面，如果作者在文章的最后过于直白地叙述自己的观点，或者未能表达清楚观点，效果可能都不好。这个时候使用名人的话，会让读者觉得更有意思，能够激发读者找到更多的灵感，对文章有更多自己的解读。

结尾模板 4：排比式结尾

其实我们从上小学时就开始用这种方法了。排比式结尾是一种特别有气势的结尾，一气呵成，气贯长虹，它既融合了前 3 种模板的功能，包括总结全文、关联读者和引发读者深入思考，又能通过排比的句式在情绪上更好地感染读者。

例如，微信上有一篇爆款文章——《你这么厉害，一定没被好好爱过吧》，结尾是这样写的：

爱情不是一道证明题，而是能让你卸下包袱的地方；

爱情不是活在朋友圈里的模范情侣,而是在累了、茫然、不知所措时,可以依赖的对等伙伴;

爱情不是一场角色扮演的游戏,而是一场天时地利的迷信。

在这场迷信里,你只需要做一件事:

以你最真实的样子,去见对方。

因为我们都要学会去接受彼此的一切。

这个结尾便是典型的排比式结尾。

文章将"不是……而是……"这个句型重复3次,然后引出结论"你只需要做一件事:以你最真实的样子,去见对方",一方面总结文章的内容,另一方面给读者打气,鼓励读者付诸行动。

总之,运用排比,不仅可以总结文章内容,还可以累积和引发读者情绪,同时,如果多用"你"这样的词语,增强读者的代入感,会很容易触发读者去点赞、留言和转发。

爆点篇

如何为你的文章
锦上添花

说起金句，大家肯定觉得既熟悉又陌生。我们在日常生活中常常见到金句，但对于什么样的句子才算得上金句，一般人又无法明确定义。最关键的是，如何快速写出所谓的金句。这正是本章将带领大家快速学习并掌握的内容。

何谓金句？金句就是起到四两拨千斤作用的句子。大家回想一下，每次看完一本书、一部电影之后，如果想要发朋友圈，你会发些什么内容呢？绝大部分人发的正是书中、影视作品中的金句。比如，我看完韩寒的电影《后会无期》后，就对其中的金句印象深刻："听过这么多道理，依然过不好这一生""我从小就得优，你让我怎么从良"，还有"喜欢就会放肆，但爱就是克制"……不只是影视作品，金句对于广告文案也很重要，很多产品就是凭借一个广告金句而变得火爆起来的，例如悄然兴起的互联网白酒品牌"江小白"，还有大家一直津津乐道的"杜蕾斯"。

同样的道理，当我们写新媒体文案时，与其说一大堆话，不如用一个简短有力的金句更令人印象深刻，也会有更多人愿意转发。金句是文章持续传播的要素，更是"发酵剂"。

那么，为什么金句会有这么大的威力呢？原因有二。第一个原因是，金句表达的观点一般比较深刻，能够戳中要害，很容易引发大众共鸣；第二个原因是，金句简短有力，利于传播。

当然，好的金句价值不菲，甚至一字千金，在广告行业更是如此。例如，现代汽车"途胜"的广告语"去征服，所有不服"，一度广为流传。这句广告语仅有7个字，却将汽车的品牌价值淋漓尽致地展现了出来，真是一字千金啊！试想一下：如果有一天你写出了这么值钱的句子，是不是有一种瞬间走向人生巅峰的感觉？

那么，如何才能写出这样值钱的金句呢？也许你会觉得，"好文易得，金句难求"，你会认为金句不是一般人能想出来的，不仅要饱读诗书，具备很深的文学功底，还要有天时地利人和，灵光乍现，才能偶得一金句。若你是如此想的，那真的是大错特错了。写出金句也是有技巧的，其实并没有想象中那么难。

我总结出了4种金句模板。这4种模板是我拆解了成百上千个著名金句之后得出来的精华，经过我几百次的实践验证。只要你熟练掌握，肯定能写出有内涵又吸睛的金句。

这4种金句模板分别是"1221句式"模板、"1213句式"模板、"搜词法"模板和"拆字法"模板。下面我将给大家一一道来。

4 种金句模板，让你 30 秒写出一个金句

金句模板 1：1221 句式

我们首先来了解一下什么是"1221 句式"。

比如"岁月不饶人，我也未曾饶过岁月"，这样的句子，前后语句的内容出现反转，能够让读者感到眼前一亮，既具有巧妙的韵律美，同时又含有哲思的意味，就是典型的"1221 句式"。

"1221 句式"能够广为传播，有一个大前提，就是它不仅要有短小精悍的形式，还要有能够让人印象深刻的内容，即将本就深刻的内容精华，浓缩成一句话。比如：A 从来不只属于 B，但 B 会永远属于 A。

"1221句式"能够广为传播还因为它形成了前后反差,让人眼前一亮,印象深刻。例如,"我以为爱情可以填满人生的遗憾,但没想到制造遗憾的偏偏是爱情"。前半句是习以为常的观点,后半句却反过来形成转折,引出反常规但发自作者内心的真实想法。这一观点一反常态,加之反复的句型形成韵律美,自然朗朗上口,引人深思,令人回味。

那究竟怎么写出这样的"1221句式"的金句呢?我仍然为你总结了4种方法,可以自行选用。

第一种:重新定义。

何谓重新定义?比如,"没有什么武器可以俘获爱情,爱情本来就是武器"这句话重新定义了爱情,即爱情是武器。

在应用重新定义的方法写"1221句式"的时候,应先找到你想表达观点的核心对象,它可以是一个实物。打个比方,我们现在要重新定义玫瑰。找到玫瑰这个实物后,我们需要重新赋予它内涵——玫瑰原本是一种带刺的花,现在我们将之重新定义为"玫瑰就是刺",于是就有了"1221句式"的金句——"哪有什么带刺的玫瑰,玫瑰本来就是刺"。

那应该怎样寻找核心对象呢?如果你想写一个性格高冷的女生,可以将其比喻成玫瑰,玫瑰就是你为了将这个女生抽象化而做的类比。同理,比如我们要写人情冷暖,先确定下来写人与人的关系即"人脉",将"人脉"类比为"利益互换",这样便可以重新定义出——"没有什么利益可以换得人脉,人脉本来就是利益互换"。

从上述例子中，我们可以总结出写出重新定义的"1221句式"的步骤为：先确定你想描述哪类人或者什么事，再寻找核心对象，之后再进一步将二者通过抽象类比联系起来，最后去重新定义核心对象。

第二种：抓住从属关系。

什么叫抓住从属关系？比如上文说的"A从来不只属于B，但B会永远属于A"。

我们可以进行类比创作，比如大多数人认为孩子是属于父母的，我们可以按照"1221句式"的从属关系的方法写一个金句——"孩子从来都不属于父母，但父母会永远属于孩子"。只需这么一句话，整篇文章的观点就显得独特而清晰。打破常规，一反"孩子是父母的附属品"的观点，但究其实质，讲述的还是亲子关系，只不过不再是中国传统的"家长式"的亲子关系，而是父母对于孩子无限包容、无私奉献的亲子关系。

说到"孩子从来都不属于父母，但父母会永远属于孩子"这句话，我印象颇深。这句话的创作是在我之前工作过的公司里，一个偶然的机缘下完成的，当时有一个同事要写一篇关于亲子关系的文章，但苦思之下仍找不准主题。中午用餐的时候他和我聊起这个，我结合身边同龄人与父母关系的实例，当下就想到了这句"孩子从来都不属于父母，但父母会永远属于孩子"，并和他讲了一些我对于现代尤其是独生子女一代亲子关系的感悟。他豁然开朗，自然那困扰他许久的写作难题也迎刃而解，并且他将这句话作为文章的结束语，升华了全文的内核。文章发出后，甚至有读者向我这位同事反馈，就是文章最后那句"孩子从来都不属于父母，但父母会永远属于孩子"戳中了他的泪点，也使这位读者更加珍惜与父母在一起的时光，更加理解父母的想法和对他的爱。

再如，从属关系的"1221句式"如果用来表达"人靠衣装"的观点，可以写出"奢侈品的标签从来不依附于任何人，反倒是多数人依附于标签来体现自己的身份"这样一个金句。通过品牌标签与人的身份的从属关系，道出不同档次的品牌体现不同人的身份的道理。

又如，若是讲人类与自然的关系，我们可以套用这种模板，写出这样一个句子："大自然从来不属于人类，而人类却永远属于大自然。"一语道出人类与大自然的关系——人类并不是大自然的主宰，反而是人类不能超脱大自然的规律，否则必将自食其果。

综上，我们总结出在运用从属关系的"1221句式"的时候，可以先找到一个常规的观点，然后直接套用这个句式，便可以得到一个精妙的金句。

第三种：利用反义词。

什么叫利用反义词？比如，前文中提到的"我以为爱情可以填满人生的遗憾，但没想到制造遗憾的偏偏是爱情"。在这个句子里，"填满遗憾"和"制造遗憾"意思正好相反，通过语义转折，传递出爱情非但不能像希望的那样"填满"遗憾，反而会"制造"更多的遗憾的观点，表达出作者在爱情中可能因为一些"错过"或"过错"而留下遗憾，心中或懊悔、或感伤的情绪。而"1221句式"加上反义词的使用，使得整个句子句意反转，可以很好地表达出冲突感和情绪上的起伏，同时又具有韵律美。

类似的例子有：

我以为等待可以收获爱情，没想到错过爱情恰恰是因为等待。

我以为有钱可以变得自由，没想到我的自由却结束于有钱。

日常生活中，大家经常说："等有钱了，我就自由了，想去哪儿就去哪儿，想玩啥就玩啥，想买啥就买啥。"但是，大数据分析表明，有钱人会更焦虑，会更不自由，他们根本没时间去花钱，他们的日程会更满，他们的压力也更大。

"收获爱情"和"错过爱情"意思相反，"变得自由"和"自由结束"也是相反的。

印度诗人泰戈尔也有这个句式的金句："有时候爱情不是因为看到了才相信，而是因为相信才看得到。""我们唯有献出生命，才能得到生命。"在这里，"看到了才相信"与"相信才看得到"

相互冲突,意义相反,"献出"与"得到"亦是同理,是一对反义词,两个句子都是"1221句式",道出了爱情与生命的真谛。

以上几个句子都采用"1221句式"与反义词结合的方法,很好地表现出了我们开头所说的冲突感。

在这里,我再给大家介绍一个创作"1221句式"与反义词结合的句子的小窍门,首先要找到两个有联系的词语,比如等待和爱情、金钱和自由、爱情和面包。那么问题又来了,这些词语可以从哪里找呢?其实,平时大家常说的话便是最好的素材,比如,等我有钱了我就去旅游,等我变得优秀了我再去追求××……将这些有联系同时又冲突着的素材结合起来,运用逆向思维将其改编,一个"1221句式"的金句就诞生了。

第四种:变换主被动。

什么是变换主被动?比如尼采曾说的"当你在凝视深渊的时候,深渊也在凝视着你"。再如,韩国著名电影《熔炉》里面有一句经典台词:"我们一路奋战,不是为了改变世界,而是为了不被世界改变。"

以上两个便是变换主被动的"1221句式"的金句,前半句是主动的——凝视深渊、改变世界,后半句则是被动的——被深渊凝视、被世界改变。通过一主动、一被动这样的形式,句子的意境便更高远了。

照着这个句式,我们也可以改写名句。比如,"强大,从来都不是为了左右别人,而是为了不被别人左右"。前半句的"左右别人"是主动的,而我们修改的后半句直接变主动为被动,一个变换主被动的"1221句式"的金句就这么轻松便写好了。

又如,"我们之所以这么拼,不是为了被世界看见,而是想看见整个世界","被世界看"与"看世界"的主被动关系,一语道出了当下年轻人奋斗的深层次原因,戳中读者泪点,而这样的句子容易被人记住,也就意味着易于传播。

"有自己的风格,意味着是人穿衣服,而不是衣服穿人。"时尚与风格的内涵,通过这个句子中衣服和人的主被动关系便很清晰地表达了出来。

我们还可以写出,"成功,不只是期望被他人善待,也是学会善待他人",主被动相交,道出成功不仅是从外界对自身的变化中体现,更是自身境界的提升。

林语堂老先生在80多岁的时候,写了这样一句看透人生的话:"人生在世,还不是有时笑笑人家,有时给人家笑笑。"请大家试想一下,如果你学会了这个句式,岂不是瞬间就拥有了林老先生80多岁的觉悟?

按照这个句式,我们还可以改写:"相处之道,还不是有时慷他人之慨,有时让他人慷自己之慨。"他人对自己抑或自己对他人,这一对主被动句式提示我们,使用变换主被动的"1221句式"时,不仅可以使用"被字句",主宾反置亦是可行的。同样的道理,找到生活中那些主动和被动关系的搭配,就可以直接套用"1221句式"。

归结起来，我们在创作"1221句式"的金句时，首先，选择核心观点，观点需要足够亮眼；其次，关注这个句型的核心，也就是前后句要形成转折关系，或句子前后内容有对比和反差；最后，选择使用4种方法中的一种，重新定义一个概念或事物、改变从属关系、利用反义词（特别是动作上的反义），或转换主动与被动关系。通过这3步，我们便能很快就写出一个金句了。

金句模板2：1213句式

何谓"1213句式"？介绍这个句式前我们不妨先看一段《小王子》里的话：

> 如果不去遍历世界，我们就不知道什么是我们精神和情感的寄托，但我们一旦遍历了世界，却发现我们再也无法回到那美好的地方去了。当我们开始寻求，我们就已经失去，而我们不开始寻求，我们根本无法知道自己身边的一切是如此可贵。

我们来分析一下这段话。前一句"如果不去遍历世界，我们就不知道什么是我们精神和情感的寄托，但我们一旦遍历了世界，却发现我们再也无法回到那美好的地方去了"，前后都有的"遍历世界",即我们"1213句式"里的两个"1";不同的是,前半部分的核心是"精神和情感的寄托",后半部分的核心是"回到那美好的地方去",分别是"1213句式"中的"2"和"3"。后一句"当我们开始寻求,我们就已经失去,而我们不开始寻求,我们根本无法知道自己身边的一切是如此可贵"同理,"开始寻求"是"1213句式"里的两个"1",即前后部分的相同成分,"失去"和"根本无法知道自己身边的一切是如此可贵"则构成了"1213句式"中的"2"和"3"。这就是"1213句式"金句。两个句子里都有相同的成分,又都用了核心词的对比反差来强化语气,从而表达核心思想。

"1213句式"如此好用,那么如何快速学会写这样的句式呢?关键就是找到前半句和后半句中的两个核心词的关系。你只需掌握以下两个关系便可做到。

第一个关系:核心词相反关系。

比如,《后来的我们》这部电影的宣传海报上,宣传语就用了核心词相反形式的"1213句式":

> 后来的我们,为了谁四处迁徙,为了谁回到故里?
> 后来的我们,有多少衣锦还乡,有多少放弃梦想?

第一句话中,前后半句都有一个相同的词语"为了谁",前半句的核心词是"四处迁徙",而后半句的核心词是"回到故里"。两个核心词一个表达"流浪",一个表达"回家",词义明显相反。同理,在第二句话中,前后半句重复的词语是"有多少",前半句中的核心词是"衣锦还乡",后半句中的核心词是"放弃梦想"。"衣锦还乡"说明了事业有成,否则不可能是"衣锦",而"放弃梦想"说明未能实现年轻时的抱负,自然是"事业无成",或者是自己内心认为的"无成"。一个是事业有成,一个是没能实现抱负,自然也是相反的意义。那么,如何运用核心词相反的"1213句式"呢?其技巧的关键在于"找场景",要找到那些最能触动人的场景。比如在电影《后来的我们》宣传海报中,很多场景是春运期间的火车站。场景越能触动人,反差的效果越好,情感流露就越浓厚。

现在我们可以实际演练一下。比如"考研"这个场景,我们可以写:"考研这场博弈,有几多人得偿所愿,有几多人名落孙山?"前后半句共享的词语是"有几多人",前半句的核心词是"得偿所愿",即考上心仪的院校,后半句的核心词是"名落孙山",即未能如愿考上理想的学府,二者词义相反,表现了考研中的"几家欢喜几家愁",突出了考研是"博弈",不可能让所有人都得偿所愿,反差之下,给人以怅然若失之感。

另外,场景不仅可以是具象的,也可以是抽象的。比如写抽象的"婚姻",可以来一句:"婚姻这幕荒诞剧,有多少人尽兴而归,有多少人败兴而去?""尽兴"与"败兴"分别体现在婚姻中,不同的人结局也不同,或收获爱情、亲情,或一无所得,甚至败得"一塌糊涂"。一得一失,通过核心词反差表现得淋漓尽致,回过头来再看"婚姻这幕荒诞剧",可笑可叹可悲,使得读者自发地联系自身,引发共鸣。

第二个关系:核心词递进关系。

我之前听过这么一句话,至今印象深刻:"别人这么努力是为了生活,我这么努力是为了生存。"

不知道你是否也和我一样,被这句话所触动。我第一次听到这句话时刚上大学,适逢家中遭遇变故,虽不至于负担不起我的生活费、学费,但我不想给父母增添负担,真的是拼了命地做兼职挣钱。可是我当时又没什么工作经验,很多东西都不懂,只能靠自己摸爬滚打、总结经验,"为了生存"可以说是我当时的真实写照。以致现在想到这句话,我就会回忆起那段艰辛又给予了我宝贵的人生财富的时光。

言归正传,这句话前后半句都重复的词是"努力",不同的是,前半句的核心词是"为了生活",后半句的核心词是"为了生存",前者的努力是一种享受生活的状态,但后者是为了保证基本温饱,要拼命的状态,很明显二者之间后者给人的感触会更深,更突出"我"的努力、艰苦与辛酸。生存尚且不易,又何谈生活?想必诸多同我一样在奋斗的年轻人也会深有感触。

那我们该怎么运用递进关系呢?比如你想写"早起"这个主题,对于早起的人,我们通常会说这个人自律性强、自控力强之类的话。在这个基础上,我们把"自律"这个词语进行升级,可以找到"习惯"这个词，于是就有了这么一句话：

> 普通人的早起是自律，牛人的早起是习惯。

"自律"是一种自控力，仍然需要下意识地去控制，而"习惯"就像一种惯性，不需要刻意为之，因为潜意识里就是这么自我要求的。

依照核心词递进的思路，我们还可以写出：

> 三流员工想的是如何加薪，一流员工想的是如何提升能力。

"加薪"为世人所追逐，但成大事者必然不会只纠结于眼前的蝇头小利，"提升能力"才是这类人的目标。自然，"提升能力"比"加薪"显得更进一步，层次更高，格局也更广阔。

从以上几个"1213句式"的模板中，我们可以总结出，若要写"1213句式"的金句，需要先有一个共同的关键词，然后抓住它前后两个半句意思中存在的某种关系，可以是相反的，也可以是递进的。要找出具有相反关系的词语，我们可以利用"找场景"的技巧。抓住这些规律，就很容易创作出这类金句了。

金句模板3：搜词法

我总结出"搜词"这个技巧，其中还有个小故事。前文中提到过的那句现代途胜汽车的广告语——"去征服，所有不服"，是现代汽车花了50万元重金请人写的。于是我就开始研究，这个每字价值几万元的广告语是怎么写出来的。一开始，我发现这句话中有两个词语——"征服"和"不服"中有一个相同的字"服"。于是我就打开百度，搜了一下带"服"字的词语。我惊喜地发现，原来"征服"和"不服"这两个词语出现在一个页面里，用它们来形容汽车很有气势和深意，非常契合，甚至堪称一绝！

由此，我总结出一种写金句的模板，也就是接下来要介绍给大家的"搜词法"。在我总结出搜词法后，每当我知道一个关键词的时候，就会在这个关键词的基础上去搜索相关的词语，由此不断积累，终于在一次"实战"中派上了用场。

当时我去阿里巴巴面试，面试官给我出了一个题目：让我给高德地图的顺风车业务写一句广告语。

我拿到题目后先是思考：顺风车的核心是什么？我觉得应该是"顺路"。于是我开始在大脑里飞速搜索带"路"字的词语，很快，"套路"一词便浮现于脑海之中，我想就是它了！这样一句广告语也就出来了：

世界上最好的套路，就是顺路。

面试官一听，不住地说："不错不错！"

我之前有个学员叫楚楚，当给她所在的班级讲课正好讲到搜词法这种金句模板时，我就用"楚楚"这个名字现场给大家演示了如何运用搜词法。我先是就着她的名字，在大脑中搜索了下带"楚"字的词语，比如：酸楚、苦楚、痛楚、凄楚、清楚……然后再挨个试着组合，最后创作出了这么一句：

经历了很多酸楚是为了把世界看得更清楚。

毫不夸张，听完之后，全场掌声雷动。两个"楚"字让这句话既显得押韵，又不是为了押韵而矫揉造作，因为句子在内涵上也具有深意。

介绍以上3个故事，不仅仅是在分享我总结出搜词法的历程，也是在告诉大家如何使用搜词法。简言之，就是先抓住一个核心词，然后根据该词进行搜索，将搜索出的词语进行排列组合，找到合适的两个词造出句子，就可以得到一个既押韵又有内涵的金句了。

但是需要提醒大家注意的是，在使用搜词法时，首先考验的是你对读者的洞察力，能不能感动读者，关键要看核心词抓得到不到位。

关于搜索同类词的工具，除了百度搜索引擎之外，我还有一个私人的小秘籍推荐给大家。大家可以关注一个叫作"文案狗"的微信公众号，你确定了核心词后就可以给这个公众号后台发这个词，然后后台会给你回复很多个含有这个词或与这个词相关的成语和其他词语。接下来你就可以根据这些词语与核心词的关系，毫不费力地组合出一个金句了。

现在，我相信大家通过以上的分析和建议已经学会了使用"搜词法"，那么我们可以即学即用，做一个简单的小练习。比如，说到"为"字，大家可以怎么造金句呢？在这里给大家几个提示，由"为"可以想到"无为""奋发有为""无能为力"这些词语和成语，聪明如你，相信已经是"胸有金句"了。

金句模板4：拆字法

何谓"拆字法"呢？拆字法就是根据汉字的字形结构特点和人们的认识规律，把一个字拆开，分解成几个部分，或者给一个字的组成部分赋予一定的意义的方法。

若你觉得这么说很抽象，我可以给你举几个例子：思考的"思"这个字，上面是一个"田"，下面是一个"心"，通过拆字法，就可以写出这样一句话：

勤耕"心"上"田"，"思"想才会获得丰收。

本来简简单单的一个"思"字，含义也不复杂，但是经由拆字法一加工，就显得意蕴深远，句子整体不管是内涵还是形式，都提高了一个档次。

再举个例子：绝路的"绝"这个字，左半边是"丝"字，右半边是个"色"字，通过拆字法，又一个金句冒出来了：

人走上绝路，大都与"色"有着千丝万缕的联系。

可能这句话要传达的道理大家都明白，但是未必有人能通过拆字这种"巧妙"的形式将这句话的含义表达出来，因此大多数人乍一看这句话会觉得很精辟。但其实要写出这样精辟的句子并不难，通过拆字的方法，我们就能轻松写出。

曾经有个朋友请我帮他写个宣传课程的广告语。以下是我们当时的对话：

我：如果不学这个课会怎么样？

他：会一直穷下去。（课程主要讲的是要利用下班后的时间去学习、提升自己，培养技能。）

我：上班都那么累了，为什么下班还要学习呢？

他：不学习，就只能拿上班挣的那点死工资，所以会一直穷下去。

朋友在反复强调"穷"这个字，于是我便帮他拆了这个"穷"字。

"穷"这个字拆开来看，最上面是一个"宝盖头"，就像一个大筐子，这个筐子就是你的公司，用死工资把你装在里面；接着是一个"八"字，就相当于朝九晚五，每天工作的8个小时；最下面是一个力气的"力"字，这就更直接了，就是卖力呗！于是，一个利用拆字法的金句就出来了：

一直穷，就是你在一个公司里，卖力工作8小时。

这个句子是不是既有画面感，又能触动大多数上班族的内心？你看，写出金句，并不需要多么高深的文学功底，或者对人生、对社会感悟多么深刻，它需要的仅是这么一点点技巧而已。

这里插一句题外话，我写作这本书的目的，也是希望大家能利用业余时间，掌握文案写作这项技能，在以后的日子里，除了拿死工资以外，还能利用文案写作这项技能获得额外的收入。

回归主题，再举个例子。说到成功的"功"字，左边是工作的"工"，右边是气力的"力"，那么我们可以据此写出：

工作不卖力，你还想成功？

也可以用"香"字通过拆字法造个金句：

若禾苗未经历烈日的考验，怎得日后稻香千里？

"香"字用拆字法可以拆为禾苗的"禾"与烈日的"日"，因此确定此处的"香"要与"禾"相关，也就是禾苗成熟以后的"稻香"，仔细排列组合一下，金句便诞生了。

究其根本，拆字法就是源于汉字的博大精深。因为汉字是象形文字，许多字本就是由一些简字因其内涵而组成的，拆字法不过是反其道而行之，将组合起来的字拆分开。因此这需要大家提升对汉字结构的熟悉度和敏感度，只要多细心观察，写出拆字法的金句并不难。

当然，除了技巧以外，写出金句还需要你平时的积累，需要你做个有心人，遇到好的文章、好的段落、好的句子，就用纸和笔或者手机软件记录下来，积累多了，就成了你个人的金句模板库了。

我这里也给大家提供几个金句素材，其实更准确地说，是历史上一些经典的演讲，比如：马丁·路德·金的《我有一个梦想》、丘吉尔的《敦刻尔克大撤退》、林肯的《葛底斯堡演说》以及肯尼迪的就职演讲等。一方面，这些演讲的句子都是很优美的；另一方面，你也可以学习它们的断句和节奏，来培养写作的语感。文章能不能吸引读者读下去，你的断句和语感也是比较关键的因素，语感培养出来了，你的写作就事半功倍了。

最后还有一个小窍门，是我很喜欢的一个作者"李叫兽"分享的一个观点：人的爬行脑更加喜欢视觉化的信息，而不是抽象的信息。

根据这个观点，大家可以自行比较一下以下这些句子的优劣：

iPod的文案："小体积、大容量的MP3"与"把1 000首歌放到口袋里"。

"只要抓住机会，即使你能力不高，也更有可能成功"与"在风口上，猪也会飞"。

"同时实现多个目标"与"一石二鸟"。

"拿在手里的机会才是最重要的"与"双鸟在林，不如一鸟在手"。

"敌人现在很害怕"与"敌人如惊弓之鸟"。

"不要第一个出风头"与"枪打出头鸟"。

"早点行动更有机会"与"早起的鸟儿有虫吃"。

谣言："Wi-Fi对健康不好"与"Wi-Fi会杀精"。

（以上对比文案由@蒋炜整理）

举这么多例子其实就是想说一句话：我们在写文案的时候，不要只追求文字的优美，只深究文字的对仗、押韵这些细枝末节，我们最应该追求的是文字的共鸣感和场景感，假如做不到共鸣感，也应该先做好场景感。

前期做不到很正常，不要怕踩坑，不要怕失败，就像我最喜欢的音乐人李宗盛为新百伦创立10周年拍摄的短片中说的那句话一样："人生没有白走的路，每一步都算数。"

故事模板：4步搞定故事+3点完善故事+2招引爆故事

《人类简史》里面有这样一个观点："人类之所以会成为万物之主，是因为人类会讲故事。"足见会讲故事已经成为我们人类区别于其他动物的特质之一。

人类还未发明语言时就已经会用图画的形式讲故事了，比如我们常见的史前壁画、图腾等。人类用壁画来讲述天象、神迹、生产劳作的故事，用图腾来记录家族部落的发展历程、祖先辉煌的功绩等。

与其说人类社会是由历史构成的，不如说人类社会是由故事构成的。大家可以回想一下：我们很小的时候，会经常听爸妈给我们讲故事，我们听着故事入眠；上学了，课本里各种伟人、英雄的故事，构成了一代人的共同记忆；步入社会，有人会给我们讲公司的故事，我们也会去主动寻找教导我们如何与上级和同事融洽相处的故事、如何让客户信任我们的故事，这些故事让我们受益匪浅；待我们老了，还会给后辈讲我们年轻时的故事。可见，故事贯穿我们的一生，在人类社会生活中无处不在。

作为一个职场人，你要求升职加薪，需要向老板讲述你与公司的故事。

作为一个创业者，你想获得融资，需要向投资人讲述你的创业故事。

作为一个想靠作品创造人生价值的人，你更需要向你的受众讲述你的打动人心的故事。

但是我接触的很多人中，在讲故事、写故事的时候犯难的不在少数。有些人是不知道怎么讲故事、写故事；有些人自以为很会讲，却把故事讲成了"事故"。想要写出一篇好的文章，你不仅要会听故事，更要学会讲故事。

既然讲故事如此重要，那么接下来我就带领大家学习如何把故事讲好。我自己使用的构思故事的方法非常简单实用，我将其概括为："4+3+2"的故事模板——4步搞定故事、3点完善故事、2招引爆故事。只要掌握这种故事模板，你今后就不必再为讲故事、写故事犯难了。

4 步搞定故事

金庸先生的武侠小说《神雕侠侣》可谓家喻户晓，那么你可曾思考过这个问题：如果让你用一分钟来描述《神雕侠侣》讲述了一个什么故事，你会如何描述？

这个问题，我在做培训授课的时候也问过现场的学员，大多数学员都能总结出：《神雕侠侣》讲的是杨过在古墓里遇到小龙女，然后两个人相爱了，之后二人因为种种误会而阴差阳错地分开，最后又在一起的故事。

是的，这的确就是金庸先生在《神雕侠侣》中给我们讲的故事。

为什么我在这里讲故事框架模板要提到金庸先生的《神雕侠侣》呢？且听我细细道来。我曾跟一些人分享过，本人没有什么写作基础，也不怎么喜欢阅读，最喜欢看的书就是金庸先生的武侠小说了。由于工作需要和个人兴趣，我开始研究写作，但可以让我认认真真坐下来、静下心来研究的也就只有金庸先生的小说了，谁知不研究不知道，越研究越发现有门道，越品越觉得有滋味。

我以前看小说只关注微观情节，看书时通常的状态是："啊，这里男主角怎么不把话说明白？""男女主角为什么要听信小人谗言，以致错过彼此？"也就是说，我只关注情节本身的跌宕起伏，而我相信，大多数人看小说时也是如此。

开始研究写作后，我学着跳出原来的思维定式，不仅着眼于微观情节，还从宏观的角度、从整个故事的发展脉络来把握情节的走向。慢慢地我发现，金庸先生写的每本书都是有规律可循的，比如男主角什么时候遇到女主角、什么时候跳崖、什么时候发现武功秘籍等，这都是有套路可循的。

我把这些套路总结成了"4步搞定故事"，也就是通过4步来构思故事的框架。接下来，我将继续用《神雕侠侣》的故事情节来分别阐述这4步具体是什么样的。

第一步：一句话。这指的是用一句话概括故事的开始和结果。在《神雕侠侣》中，就是讲杨过和小龙女从相识到相爱、相知的故事。

第二步：定冲突。这其实就是给故事中的男女主角"加戏"，制造一些意外和麻烦。就好比在《神雕侠侣》中，定的冲突就是：有一天，小龙女突然不见了。如果让男女主角相爱相守得那么容易，岂不就直接大结局、全剧终了？这样一来，故事就会索然无味，情节没有起伏，读者也不会有太大的兴趣读下去。因此，我们要学会给主角"加戏"，制造一些冲突点，使情节跌宕，使内容生动、抓人眼球。

总而言之，定冲突对于一个精彩的故事来说是非常关键的，冲突是故事的灵魂。

第三步：给理由。"给理由"就是说，在第二步"冲突"的基础上，给出一个合理的解释，来"解决"这个冲突。打个比方,就是既然已经定好让小龙女消失的这个"冲突",你就要给出一个理由,为什么小龙女会消失。因此,大家可以见到金庸先生在小说中用了大量的篇幅讲述杨过和小龙女分开之后发生的事,而这些描写就是在"给理由",来详细解释小龙女消失的原因,即"解决"这个冲突。

第四步:来组合。简而言之,"来组合"就是把上面3个步骤所包含的内容进行排列组合。

经过"来组合"的步骤就形成了《神雕侠侣》最终呈现的故事:

杨过在古墓里遇到小龙女,然后两个人相爱了(一句话1),之后小龙女和杨过因为种种原因(给理由)阴差阳错地分开了(定冲突),最后又在一起(一句话2)的故事。

经过这么一分析,聪明如你,相信已经恍然大悟,其实写出一个精彩的故事并不难。下面我们就进行实际操作,来练练手。

我分享的是我自己的一个案例,这个案例就是用前面讲的故事框架模板写出来的。

《偷看你朋友圈这件事,要被微信拆穿了》这篇文章里有一段是描写友情的,我就是用的这4步。那段故事情节是这样的:

无论什么时候回去,昊哥都会来接"我"。可是有一次,回去的时候,习惯性地打电话让他来接"我",他却说他可能来不了。说是约了一个妹子。结果,"我"下车之后,远远地便看到一个熟悉的身影——昊哥来接"我"了。

我们用4步搞定故事模板来简单分析一下这个故事情节。

第一步，一句话。"无论什么时候回去，昊哥都会来接我"交代了昊哥这个人物与"我"之间的关系，就是"会接我"，而且"无论什么时候"。

第二步，定冲突。接着，我给它定了一个冲突："他却说他可能来不了。"这就很奇怪了——"无论什么时候"都"会接我"的昊哥，这一次竟然不来接"我"！这是为什么呢？

第三步，给理由。我给了"不来接我"这个冲突一个理由——原来是"约了一个妹子"。

第四步，来组合。我将这些内容排列组合起来，一个故事的基本框架就出来了，形成了大家开始看到的故事情节。通过这个小故事，来表达"我"和昊哥之间深厚珍贵的友情。

以下是故事原文：

> 我有个朋友叫王昊，我们从初中认识到现在9年了。他留在我们生活了十几年的小城，我来了北京。
>
> 上个月我回家补身份证，买的卧铺最上层，刚把东西放好，躺在铺上的时候给他打了一个电话，我说："昊哥，我晚上10点到，有空吗？接接我。"
>
> "没空，你昊哥今天要约妹子吃饭。"
>
> "行行行，我就不破坏昊哥您的好事了，我打个车回去。"

后来我在火车上睡着了,睡醒了拿出手机一看,22:30了,一激灵从铺上起来了,哎哟,碰头了。

捂着头正疼的时候,乘务员过来了,我说:"大姐,是不是邹城站过了?"

她语气像是我欠了她500万一样:"今天火车晚点了,还没到,到站的时候会有人叫你的。还有,别叫我大姐。"

"好的,大姐。"

到了晚上12点,火车终于到站了。我跟着人群行进,被挤出了车站。出了门,正准备打车的时候,就看见了门口的昊哥,他蹲在台子上,吊儿郎当地抽着烟。附近一地的烟头。一年没见,他头发短了,人也瘦了。

正想叫他的时候,他开口喊:"小子,你坐的这破火车又晚点,害老子白等两个多小时。"

我感动得热泪盈眶。我问:"昊哥,你不是约妹子吃饭吗?"

昊哥把烟扔在地上用脚碾了碾,说:"妹子哪有我兄弟重要。"

我看着昊哥,我和他一年到头基本不聊微信,不点赞朋友圈,甚至也没有微信小群。现在他为了接我连妹子都可以不约。

昊哥叼着烟说:"你看了我好一会儿了,你小子是不是喜欢上我了？"

我两眼含泪大喊："昊哥，走，咱们去'撸串'。"

微信出了"不常联系朋友"的功能以后，昊哥的微信一定会在这个名单里，可真正的朋友，一定需要常联系吗？常联系的又真的是朋友吗？

我认为朋友的衡量标准，不是以我们多久聊一次天、朋友圈点几次赞决定的。而是每次需要你、找你的时候，你都像往常一样，对着我嘘寒问暖，对着我骂骂咧咧："你个小崽子，终于想起老子来了。说吧，几点的车，我去车站门口等你。"

3 点完善故事

以上介绍的仅仅是故事框架，无论是从篇幅的长短、内容的饱满度，还是故事吸引人的程度上来说，这些都还不够充分，要使故事丰满、吸引人，还需要通过以下 3 点完善故事。

第一点，交代故事背景。

第二点，补充核心信息。

第三点，触发情绪爆点。

我们还以刚才那篇《偷看你朋友圈这件事，要被微信拆穿了》为例，故事的核心是"无论什么时候回去，昊哥都会来接我"。

如果文章中平白无故地直接跳出来这句话，读者肯定会很疑惑：为什么昊哥会来接"我"？"我"和昊哥是什么关系？"我"和昊哥之间有过怎样的故事？所以，为了不让读者产生这样的疑惑，我需要对故事进行补充和完善。

第一点：交代故事背景。我直接在开头交代了故事背景，包括："我"和昊哥的关系——朋友；什么时候认识的——从初中到现在9年了；"我"这次为什么回去——回家补办身份证；回去时乘坐的是什么交通工具——火车……通过交代故事背景，让接下来的故事发展顺理成章、水到渠成。

第二点：补充关键信息。在这个故事里，"我"回家乘坐的那列火车晚点了，这就为后来昊哥在火车站比平常多等了"我"两个小时埋下了伏笔。

第三点：触发情绪爆点。比如，文中写到在出站口看到昊哥，看到"一地的烟头"，还有那句昊哥喊出的"小子，你坐的这破火车又晚点，害老子白等两个多小时"，通过对这些细节、对话的描写，暗示昊哥等了很久，虽然口中抱怨，但其实不过是挚友之间特有的寒暄方式罢了，有一种说不清道不明的亲切感，既刻画出人物形象，也很好地表现了这篇文章的主题——真正的朋友不一定要常联系。通过这样的细节描写，深化感情，引出最终的主题，从而讲述出一个好的故事。

这里要强调一点，撰写依托于现实产生的非虚构故事更易感动大家，我们要谨记文字创作，甚至图画、视频创作来源于生活，且要略高于生活。而上文中的昊哥就是由现实事件作为基础撰写的。

大家可以用这3个点去套自己平时看过的小说和影视作品，会发现这些点通常会一个不落地出现在这些小说和影视作品中。

比如在经典电影《泰坦尼克号》中，女主角露丝开始回忆后，故事背景就铺陈开来——露丝是和未婚夫卡尔一同登上"泰坦尼克号"的，但她并不爱卡尔，他们的结合只是为了家族利益，而男主角杰克是一个落魄画家，因赢了一场赌局而上船。

补充关键信息——"海洋之心"。卡尔送露丝项链"海洋之心"以讨其欢心，后来杰克作画时露丝就戴着它，卡尔陷害杰克，污蔑他偷了"海洋之心"而将杰克锁起来，年迈的露丝在故事的最后将"海洋之心"投入海中。

触发情绪爆点——船撞到冰山。此时杰克还被锁在下层船舱，露丝不顾生命危险返回营救杰克，露丝从只有上流人物才能坐的救生艇上返回陪杰克，两人在冰冷的海水中天人永隔，其间夹杂着"泰坦尼克号"因海水灌入而失衡的惊险画面，刺激着观众的视觉、听觉和情绪。

交代故事背景、补充关键信息、触发情绪爆点这3点，不仅能使文章的篇幅得到扩充，还能使文章内容更加充实。需要着重强调的是，一定要学会利用"触发情绪爆点"这一步，如果这一步用得好，就能很快带动读者的情绪，使文章的情感浓郁饱满，也能使读者如临其境、感同身受。

2 招引爆故事

通过前面的 4 步搞定故事和 3 点完善故事，现在整个故事里要讲的内容基本已经确定，最后就要看这个故事该如何讲了，这也就是本节我要讲的最后一部分——2 招引爆故事。第一招：打乱顺序；第二招：场景演绎。

引爆故事的第一招：打乱顺序。

我特别喜欢将我的写作套路与学生时代学到的作文技巧进行类比，因为我认为大道至简，关于写作的大部分技巧，我们在学生时代就已经学过了。但是学过是学过，真正掌握并会运用却是另一回事。接下来我就带领大家学习如何运用我们本已熟悉的叙事手法。

上小学的时候，我们就学过叙事手法共分为 3 种——顺叙、倒叙、插叙。而"打乱顺序"其实就是将本来运用"顺序"的叙事手法描述的事情，用"倒叙"或者"插叙"，甚至两者结合的手法来进行描述。

例如，我之前写过的一篇爆款文章叫《曾帮我打架的兄弟，

现在和我不再联系》,讲的是"我"和"我"的朋友强哥的故事,包括以下几方面的内容:

学生时代强哥帮"我"打架。

2016年"我"路过德州站,强哥给"我"送东西。

2017年强哥结婚,让"我"参加他的婚礼,"我"没时间。

强哥结婚后来北京看"我","我"没时间。

如果按照时间先后顺序来写,就应该是这样的:

强哥帮"我"打架。

"我"路过德州站,强哥给"我"送东西。

强哥打电话让"我"参加他的婚礼,"我"没时间。

结婚后,强哥来北京,"我"没时间。

然而,这样平铺直叙,就显得结构简单、索然无味、毫无亮点,勾不起读者的阅读兴趣,所以我最终定稿的顺序是这样的:

强哥打电话让"我"参加他的婚礼,"我"没时间。

结婚后,他来北京,"我"没时间。

强哥帮"我"打架。

"我"路过德州站,强哥给"我"送东西。

相信你已经看出来了,我将原来按照时间顺序发展的故事片段打乱了,整体上用了倒叙的手法,其中又插叙了一个故事片段。这样一来,读者读了开头,就想了解"到底发生了什么",于是就会接着往下看,最终停不下来。

可见,"打乱顺序"的方法可以使文章更加生动,给读者造成强烈的悬念感，引人入胜，扣人心弦，也就是我们常说的"吊足了读者的胃口"。

以下附原文：

1.

强哥是我最铁的兄弟，现在在德州开了几家扒鸡店。

前段时间，强哥给我打电话说："老三，我下周四结婚，你得来当伴郎。"

那段时间我正处于事业低谷期。稿子写得不够好，业务上也被同事碾压，不敢放松一分一秒，也不好意思请假。

我对着电话支支吾吾地说："强哥，我可能去不了。"

后来强哥说："孙涛都从美国飞回来了，咱们兄弟三个好久不见了，你能试着请假吗？"

我打开电脑看了一下文章的排期表，周三那天正好排的是我的稿子。我想了想还是说，工作这边太忙不能去。然后我忙补充了一句："强哥，我就不去了，礼金我让他们捎过去。"

他的语气一下就变了，声音忽然变得很低："我又不是为了要你的钱，他在美国读书，你在北京工作，我们三兄弟好久没聚齐过了。"

最终我还是没能出席强哥的婚礼。我安慰自己，都是兄弟，他可以担待的。

2.

强哥结婚后的第4个月，他带着媳妇来北京旅游，给我打电话说来北京玩3天。强哥说好久不见我了，想喊着我一块儿吃个饭，还带了一点东西给我。我说："没问题，你们两口子来北京了，我怎么都得好好招待招待你们。"

强哥来的那天是星期四，我们公号要定月度计划，到家的时候差不多是凌晨3点了。我躺在床上想：让他们两口子这两天先好好玩玩，第3天——周六的时候我再去找他们。

周五下午，之前定好去参加的一个新媒体交流活动的主办方给我们打电话说，活动的档期改到了这个周六，让我们尽量早晨9点之前到。

那个下午我给强哥打电话说，我这里忽然有个急事，不能陪他了。强哥说没事没事，以后机会多的是。我当时特别愧疚，却在心里安慰自己，都是兄弟，他可以担待的。

3.

4个月后我刷朋友圈的时候，看到了强哥晒出的孩子的满月照片，我才知道强哥刚办完满月酒。我越想越难受，晚上的时候给强哥打了一个电话，问他怎么没叫我。强哥说，他感觉我比较忙，处于事业上升期，应该全身心发展事业，让我不要多心。再说又不只生这一个，生二胎的时候会叫我。

强哥和我打电话的时候还是嘻嘻哈哈的，但不知道为什么，我感觉我们之间的距离越来越远了。后来慢慢有点疏远了，强哥也不给我朋友圈点赞了，也很少在我们的那个小群里吹牛了。

4.

因为这件事，我心情特别不好，周末在床上躺了两天。我知道"都是兄弟，他一定可以担待的"这句话已经安慰不了我了。

那时候我模糊而清晰地发觉我和强哥之间的关系有了一个难以修补的裂缝、一条不可逾越的鸿沟。

星期一上班的时候我起晚了，去上班的途中路过一所初中，里面的少年穿着蓝白相间的校服，男生们三五成群地在一起走着，像极了初中时的我们。

我想起了初一那年的我们。初一刚开学我和强哥一个班，当时还不是特别熟。我被几个社会上的混混勒索收"保护费"的时候我没给他们。结果有一天放学，七八个混混一起在学校门口堵我，几个人把我拉到学校旁边的小树林，说要打到我听话为止。

那天强哥正好路过，走到我前面，看了我一眼说："别慌，有我呢。"

转过头又对混混说："几个兄弟，我是跟西关东哥混的，我兄弟得罪你们的话,我给你们赔礼道歉,今天给我个面子,放我兄弟一马。"

说完,不等混混回应就转过身来朝着我咧嘴笑,然后就要带着我走。

我在那里不敢动。他说:"你愣着干啥?我这都摆平了,找个地方请我吃饭去吧。"

他话音刚落,几个混混就把棍子抡到他身上了,边砸边喊:"你是个什么东西,还给你面子!"我连忙上前护住强哥。

就这样我和强哥都被人揍了,被揍得鼻青脸肿。晚上的时候我和强哥在学校附近的一个烧烤摊,拿着身上仅剩的50元钱,要了一盘水煮花生和几瓶饮料。我们一人拿着一瓶,碰完以后,看着对方像猪头一样的脸傻笑,然后一饮而尽。

那时候我就感觉强哥会是我一辈子的兄弟。

5.

那天我没去上班,我给主管发了一条请假的短信。还没等她回复,我就迫不及待地买了去德州的动车票,我想去找强哥当面说清,我不想失去强哥这样一个兄弟。

两点多到了德州站,我想着给强哥一个惊喜,就没打电话让他来接。出了高铁站,按照强哥经常在朋友圈定位的地名打了一辆出租车,上车坐了15分钟还没到。我记得上次强哥说从他家到高铁站只要 5 分钟。

我以为是司机故意绕路宰我，就拿出手机地图输了强哥家小区的名字，屏幕上显示从高铁站到小区有 28.5 千米。

6.

我想起了 2016 年 12 月中旬的时候，晚上 9 点，我从济南坐动车去北京，中间经停德州，大概停 5 分钟，那天我发朋友圈说自己又要去北京了。强哥在下面评论："我们好久不见了，不然你在德州停的时候我去找你吧。反正高铁站离我家不远，开车 5 分钟。"

到了德州停车的时候，我刚出动车门就看见强哥在那里等着。那天特别冷，我穿着一件加厚版的大衣都冻得难受。

强哥左手提着两盒扒鸡，右手拿着一盒烟，看见我下车就赶紧递给我说："这是你以前最喜欢抽的'白将军'，天冷，抽根暖暖身子吧。"

那天一根烟刚抽了 2/3，动车即将关门的广播就响了，我拿着强哥给的扒鸡上车了。

7.

现在看了地图我才知道，原来强哥说的不远是 28.5 千米，说的开车 5 分钟的路程，其实要开 1 个多小时。

晚上 9 点多，零下十几摄氏度的天气，28.5 千米的距离，

1 个多小时的车程，来换我 2/3 根烟的时间。

我当时的心情特别复杂，既后悔又愧疚，强哥对我这么好，我却因为各种事错过了他的婚礼，错过了他人生中最大的几件事。

错过了他跪着拿着戒指对新娘求婚，错过了当他生命中仅此一次伴郎的机会，错过了他端起酒杯对着满座宾朋感谢他们的到来和支持的时候，错过了他初为人父举起女儿的时刻。

在车上我就哭了。我感觉特对不起强哥。司机从后视镜里看见在后座上哭泣的我，递给了我几张纸巾，用一种过来人的口气说："孩子，你还小，不值得为女人这么伤心。"然后把音乐换成了《爱情买卖》。司机把我逗笑了。

那天晚上到了强哥的家，强哥看到我先是惊讶，后来很平静地走了过来把我的包接过放下，然后用力拍了拍我的肩膀说："兄弟，你来了。"

晚上，我和强哥各自拿了一瓶啤酒，碰瓶，一饮而尽，像极了初一那年的那个晚上我俩鼻青脸肿地在烧烤摊的时候。

8.

人这一辈子大概有 26 298 天，631 152 小时。在这漫长的岁月里我们会接触数万人，99.999% 的人都是我们生命里的过客。

真正的好兄弟、无话不谈的朋友只有 0.001%，然而这极其难得的 0.001%，我们都极少去珍惜。

因为，在我们眼里他们是我们的兄弟，无论我们做了什么，他们都不会有一点点介怀，我们可以不用考虑他们的任何感受。

曾经我以为是兄弟就可以肆无忌惮，嘴上说我是把你当兄弟才这样对你，才可以放你鸽子，才可以没有任何心理负担地拒绝你。

但其实他们也会介意，也会难过，也会失望。友情就像爱情一样，也需要经营，也需要付出，也需要嘘寒问暖。

我们总是把自己最差、最不堪的一面给了我们最亲切、漫长岁月里只遇见 0.001% 的人，把最好的脾气、最好的礼貌给了我们生命里 99.999% 的过客。

我们总是想讨更多人的欢心，除了我们生命里最重要的那 0.001% 的人。

其实，这种打乱顺序的叙事手法，不只是在写文章时能用，有很多经典的电影、电视剧情节，也会采用这种手法，使剧情更加引人入胜。

比如我个人非常喜欢的一部经典的好莱坞电影，名字叫《美国往事》，就是运用倒叙的手法，并在影片中多次使用插叙，制造出时间的交错，给观影者强烈的感官刺激。

还有2017年收获了6座奥斯卡奖杯的《爱乐之城》，在故事结尾部分插叙了如果男女主角在一起，那么将会发生的甜蜜的事情，与现实两个主角劳燕分飞，女主角虽然实现理想，但与不爱的人结婚形成对比。那些甜蜜幻想的插叙刻画，给观众以希望，但最后镜头又将情节拉回女主角和丈夫离开男主角的酒吧的现实，令观众的希望破灭。插叙的运用使观众置身于亦幻亦真的境地，分不清到底哪个是男女主角的真实结局，强化了观众的"希望"，而希望越大，失望也越大，因而最后女主角和丈夫离去给观众带来的情感冲击也就越大，作为电影结局，这样的表达更是让人回味无穷。

引爆故事的第二招：场景演绎。

在写故事的时候，不仅不能平铺直叙，还要有现场感。何谓现场感？如果当读者读你的故事时，会在脑海中形成画面，并且最好这个画面是一个读者熟悉的场景，那么你的文章就具备了现场感。这样一来故事就会很有代入感，读者都感同身受了，你还怕他们不喜欢你的文章？

让文章具备现场感的方法就是我接下来要介绍的场景演绎法。

场影演绎法就是指当你在写某个场景的时候，要将自己代入那个场景里。比如你需要考虑：场景里的人是男性还是女性？他/她的神情面貌是怎样的？他/她在干什么？他/她的旁边有什么？

这时你可以闭上眼睛冥想，将你想象成他/她，他/她可能会做什么，你就做什么。因为此刻，他/她是你，你也是他/她。写文章时就根据你代入的人，他/她告诉你他/她会怎么做，你就怎么写。

再拿《偷看你朋友圈这件事，要被微信拆穿了》这篇文章举个例子。前面我也提到了，我在写昊哥在出站口等"我"的细节时，没有直接写他等了"我"很久，而是写他附近一地的烟头，通过场景描写，来间接体现昊哥等了"我"很久，给读者以身临其境之感，这就是现场感。

我在写东西的时候，几乎不会直接说"我很开心""我很难过""我很焦虑"诸如此类的话，而是会通过一些人物之外的场景描写来表现这些情绪。

比如，如果我想表达焦虑，我会这样写：

那天晚上，我躺在床上，翻来覆去，灯开了又关，关了又开，一夜未眠。

虽只字未提"焦虑"，但"翻来覆去""灯开了又关，关了又开""一夜未眠"明显是焦躁不安、情绪起伏大的人才会表现出来的行为，这些场景描绘能够充分表现主人公不安的情绪。

再比如，为了表现一个女生失恋了很难过，我会这样写：

浴室里咖色的短发明显不是我的，床单上还有他的气味，哪怕是一起养的小狗，名字都是他取的，为什么他人离开了，却如此健忘，不把这些东西一起带走？

文中不说难过，但通过"浴室里的头发""床单上的气味""小狗的名字"等，表现出前男友虽然"人离开了"，但他停留过的痕迹却无处不在，环绕在"我"周围。"我"的情绪近乎崩溃，希望他能将这些"一起带走"，而这些描述仅仅只是在描述场景吗？不，其实还在描述"我"的回忆、"我"的心。只有说不出的难过，才是难过到极致。

这就是现场感，你不需要明确表示情绪如何，而是通过对场景的描述，间接地表明。这样的方法能使读者自觉地进入你设计的场景中，如临其境，仿佛是读者在亲历这件事情。

这里需要再给大家展示一个小技巧：文字的表达力其实是有限的，当文字无法表达的时候，可以用图片、视频去呈现，这些也是现场感的重要体现手段。

总结一下本节的内容，写出一个好故事要分 3 步走，即使用我们的"4+3+2"故事模板，这种模板分别由以下内容构成。

第一点，4 步搞定故事：一句话、定冲突、给理由、来组合。

首先，用一句话概括故事的开头和结尾；其次，给故事中的主角"加戏"，制造一些意外和麻烦，使情节发展不那么顺利；

然后，在第二步"冲突"的基础上，给出一个合理的解释；最后，把前面3个步骤所包含的内容进行排列组合，使故事完整。

第二点，3步完善故事：交代故事背景、补充核心信息、设计情绪爆点。

首先，交代好故事发生的背景，包括主角之间的关系等；然后，可以补充与故事情节息息相关的信息；最后，找到一个触发情绪爆炸的点，使读者产生强烈的共鸣。

第三点，2步引爆故事：打乱顺序和场景演绎。

想让故事更生动，在叙述故事情节时可以使用非顺序的写法，即不需要按时间顺序来铺陈；在描写人物、景物时，可以还原"场景"，用场景来表现你要传达的情绪，而非直接描写人物或景物。

只做到前面两点，就已经可以把一个精彩的故事构思得几近完整了，你基本上可以写出一个80分的故事了。如果能再做到、做好第三点，就能完成一个100分的故事，下一篇爆款文章就是你的！

变现篇

如何通过写作月入过万

从前面几章中，我们已经掌握了如何从选题、标题、开头、结尾、金句、故事这6个方面写出一篇爆款文章。在这一章中，我将把我从实战中总结的7种靠写作赚钱的方式全部分享给你。

写作变现的 2 种基础途径

基础途径1：投稿

可能在我们以往的认知中，投稿是一件不太容易操作的事情。如果是传统报纸、杂志类的投稿，的确会有些难度。你可能不知道该向哪些报纸、杂志投稿，或者投的稿子往往如石沉大海；即使稿子被采用，也不知道稿费是多少，怎么发放……这些都是问题。

但是，在互联网上写作，给一些平台投稿，就显得容易多了。比如，给一些知名的平台号投稿，可以投稿的对象很多，而且平台号对内容的要求也没有传统的报纸、杂志那么严格。更为关键的是，这些平台号付稿费的周期很短，结算也方便。所以我们可以说，给平台号投稿是比较容易的赚钱方式。

说到这里，你可能会问：给哪些平台号投稿呢？怎么找到这些平台号呢？投稿都有哪些要求呢？还有你最关心的，稿费是多少呢？

接下来，我就分4个方面，逐一解答你的疑惑。

1. 查找对应的投稿平台号。

你要根据自己擅长的或是感兴趣的写作领域，去找到对应的平台号进行投稿。下面以微信公众号为例。

如果你擅长写情感类的文章，可以关注一些情感类的大号，像"十点读书""视觉志"等；如果你对人文历史感兴趣，可以去向一些文艺类的大号投稿，比如"拾遗""拇指阅读"等。

如果你还不太熟悉新媒体领域，不知道有哪些公众号和你想写的领域相关，这里我也给你提供一种方法：看看新榜榜单（这里说的新榜榜单不是我们在选题篇中讲到的微信公众号"新榜排行榜"，而是在新榜的官网中就可以查到的榜单）。它有日榜、周榜和月榜，还有分类，比如职场、美食、情感、幽默等24个分类，每个分类下都对应着一些公众号。你可以搜索那些排名靠前的公众号，关注它们，看看它们是否有开放的投稿渠道。查找到对应的投稿号，下一步就是去了解它们的投稿方式。

2. 了解投稿方式。

一般来说，有4种向公众号投稿的方式。

（1）进入你要投稿的公众号页面，查看位于底部的菜单栏。一般来说，在最右侧的那个菜单里，会有"商务合作""投稿"等字样，点击进去，会看到编辑的个人微信或是指定的投稿邮箱。

（2）查看公众号文章的末尾。有些公众号的征稿启事会放在头条文章的最后，紧跟着就有联系方式，比如编辑的微信、二维码，或者投稿邮箱。

（3）在公众号后台回复。有的公众号没有直接在菜单栏设置投稿菜单，但是设置了关键词回复，只要你发送"投稿"二字，就会弹出投稿的方式，告诉你投稿的信息和相关步骤。

（4）在百度直接搜索，有些大号会把它们的投稿邮箱公开在网页上。但是这种方法不是特别方便，搜索出来的信息也可能不是很准确，所以我将这种方法放在了最后。还是建议大家通过前3种方法去了解，毕竟来自公众号内部的投稿信息会更准确一些。

在了解了投稿方式后，更要熟悉投稿要求，这也是你投稿成功的关键。

3. 熟悉投稿要求。

很多人往往会犯这样的错误：写了一篇文章，感觉还不错，就想投稿给对应的公众号。在找到投稿方式之后，就满怀信心地把写好的文章发到指定的投稿邮箱，原以为很快就能收到回复，结果等了好几天都毫无动静，文章从此如石沉大海，杳无音信。出现这种情况，最有可能存在的问题是，你不熟悉公众号的投稿要求，缺乏科学的投稿方式。

首先，投稿之前你要多看看这个公众号的历史原创文章和转载过的文章，至少看10篇左右，整理一下它们的共同点，了解这个公众号的读者习惯和内容风格。比如，"视觉志"的文风是比较生活化、正能量的；而"拾遗"一般会采用一些观点独到、案例丰富、说理逻辑比较清晰的文稿。每个公众号都有自己的特点，你在投稿前要对其进行充分了解。

其次，有的公众号投稿要求较高，比如有明确的格式，你用这个格式投稿才行；还有的公众号版权意识很强，要求你投的稿件必须是首发。

所以，在投稿之前，你需要熟悉这些公众号的投稿要求，提供合乎规范的文稿，并且根据读者习惯和内容风格进一步修改和完善自己的文章，使你的文章与这个公众号的基调吻合。这样，你投稿的成功率才会高。

4. 一些你在投稿中需要注意的要点。

如果你是投稿到对方邮箱，最好在你的邮件标题前加上"投稿"二字，这样可以让编辑在短时间内，从一大堆邮件中一眼就辨认出这是一篇投稿的文章。而且文章标题要一目了然，突出亮点，让收到邮件的人忍不住想打开看。很多公众号的编辑每天需要审核大量的文章，邮件标题越突出，越能增加投稿成功的概率。

在邮件的结尾部分，可以不失礼貌地写一句："不管文稿是否有幸被贵公号采用,都期待您的答复。"这样,收到编辑回复的可能性也会更高些。

基础途径 2:在朋友圈用文案卖货

时下,有很多依靠空余时间在朋友圈里卖货的"宝妈",她们俨然已经成为新零售大军中一股不可小视的力量。

但为什么你在朋友圈里发了一段卖货文案,别说有人购买了,就连留言咨询、点赞的人都很少,而别人却可以经常晒一些顾客的打款截图、好评反馈和收入明细?同样在朋友圈里卖货,为什么你就没什么效果呢?

原因可能是你犯了一个错误:没有真正理解微信朋友圈的产品逻辑。

简言之,微信朋友圈是定位主要为熟人的社交工具。你可以回忆一下:刚有微信账号的时候,你的微信里大都是你的亲戚、朋友、同学,你的朋友圈动态多是一些你身边的事,比如你吃了什么大餐,去了什么地方旅行,最近发生了什么开心和难过的事,然后你的微信好友就会给你点赞、留言,甚至私信你,表示对你的关心和在意。

基于微信熟人社交这样的定位,你可以认真思考一下:你平常是怎么向身边的朋友推荐某家餐厅、某个书店,或者是某个产品的。

比如你想推荐某家餐厅给朋友,你是不是会这样说:"我昨天去了一家餐厅,味道特别不错,环境氛围很好,而且服务也很贴心。"你的朋友听完之后,可能会随口问一句:"地址是哪里?改天我带老婆孩子一起去。"

明白其中的奥妙了吗?想把产品卖给你的朋友,前提是你自己得用过这个产品,而且还是产品的受益者。这才是你在朋友圈里卖货的正确方式!

这里我给大家提供两种朋友圈卖货文案模板。

第一种模板是,这个产品我用过+它给我带来的收获+我推荐这一类人群使用。

比如你卖的是面膜,可以描述一下自己是怎么接触到这个产品的,使用之后这个产品给你带来的变化,也就是你的收获,然后再说说像你这类有着怎样需求的人,可以使用这个面膜。

总之还是我们之前强调的,把产品卖点讲成吸引人的故事。

第二种模板是,我正在用这个产品+它带给我的感受(比如我们常说的五感:视觉、听觉、嗅觉、触觉、味觉)+它带来的效果。

还是以卖面膜为例。你可以描述从打开面膜到敷面膜的过程中看到的、碰触到的、闻到的、感受到的,以及敷完面膜之后的效果。把你通过感官体验到的产品特点描述出来会更有画面感,让读到你文案的朋友沉浸其中。

我至今还记得初中时学过的经典散文——朱自清先生的《春》，其中就大量运用了感官描写，生动形象地勾勒出一幅春景图。我摘取了原文中的部分内容，大家可以感受一下：

"吹面不寒杨柳风"，不错的，像母亲的手抚摸着你。风里带来些新翻的泥土的气息，混着青草味儿，还有各种花的香，都在微微润湿的空气里酝酿。鸟儿将窠巢安在繁花嫩叶当中，高兴起来了，呼朋引伴地卖弄清脆的喉咙，唱出宛转的曲子，与轻风流水应和着。牛背上牧童的短笛，这时候也成天嘹亮地响。

是不是被里面的文字吸引了？是不是久久地沉浸在这样美丽的画面中不愿醒来？这就是感官描写的魅力！这些其实与我们创作朋友圈文案都是相通的，细节最能打动人，真实最能打动人。

在朋友圈里卖货的你，不妨试试以上两种模板，说不定会有意想不到的效果。

写作变现的 5 种进阶途径

5 种进阶的靠写作赚钱的途径分别是写软文、付费内容沉淀、开设写作课程、出书，以及提供一对一咨询。关于写软文这一部分的内容，我将通过对我影响很深的一本文案书来进行详细讲解，其他 4 种途径我会分享一些个人经验，希望能给你提供一些指引和帮助。

进阶途径 1：写软文

除了我们在上一节中讲到的，写一些常规的文章进行投稿以外,你也可以尝试去接一些写广告文案的业务,我这里特别强调的是软文。为什么要选择写软文,而不是像在一些电商平台上卖东西一样,直接写商品详情页信息呢?因为这和读者的阅读环境有关。

你可以想一想:你看一篇文章的时候,通常是怀着什么目的呢?应该是希望获取某些知识,或者获得情感的满足吧?如果你一点开看到的就是像商品详情页那样的东西,很可能会直接退出不看了。同样,你的读者也是如此。

所以,你要把软文写好,通过文章前面的内容,让读者有知识上的获得感,或者情感上的满足,从而不知不觉地被带到你要推销的商品前,这样就很容易吸引读者了。在这种情况下,如果你的商品能进一步满足读者的需求,那么最后促成购买就会比较容易了。

写软文与我们平常写文章是有差别的,软文的目的是希望读者看完我们的文章之后,能产生付费购买的行为。为此,我结合文案界传奇大师约瑟夫·休格曼的著作《文案训练手册》来与你分享3个技巧。

(1)创造购买环境。

你有没有想过:为什么蛋糕店要用暖色的灯光?为什么咖啡店要放柔和的音乐?其实这都是为了营造一种购买氛围。比如,蛋糕店的暖色灯可以带给顾客温馨的体验,让人想到平常吃蛋糕时候的场景——生日、聚会、结婚纪念日等。

我们写软文也是一样的道理:你要在你的文章中,给读者创造一个购买的环境。假如你要推荐一支口红,就要在文章里描述各种用这支口红效果很好的场景，比如和什么衣服搭配更漂亮、更显肤白等；如果你推荐的是一件奢侈品，那就要描述比较精致、上档次的生活场景；如果是日用品，就要着重描述使用它的便利性。当你的读者沉浸在你的软文描述的环境里，你描述的场景很吸引他的时候，他接受你推荐的商品就会更自然了。

（2）讲述商品故事。

很多人在写软文的时候，常常陷入一个误区：把软文当成商品详情页、产品说明书来写，罗列了很多产品的特点，还把产品吹得天花乱坠。结果读者看完之后完全没有共鸣，更没有购买的冲动，又有什么用呢？

写软文跟写爆款文章一样，要做到自我表达与用户需求相结合，也要和读者产生共鸣。而讲故事就是最容易引发读者共鸣的。

你可以讲讲商品生产的故事、讲讲品牌创始人的故事，或者生活中使用这个商品的故事。把读者带入故事之中，最后当他看到你推荐的商品时，就会觉得这的确是自己需要的，从而产生购买行为。

所以你在写软文的时候，要像《文案训练手册》这本书里写的，每一个词语都蕴含情感。比如，你在描述一种生活方式的时候，可能会用到"简单"和"简朴"这两个词语，但其实它们给人的感觉是不一样的，要注意每一个词语给读者带来的是什么感觉。再比如，我们在文章中要多用"你"，而不是"你们""大家"，这样会让读者觉得你就站在他对面，正在向他缓缓道出一个故事。

(3)提高你的软文完读率。

《文案训练手册》一书中提到了两个概念：第一个是"第一句话"，第二个是"滑梯效应"。

"第一句话"这个概念的意思是，文章的第一句话的唯一目的就是让读者读第二句话。这与我在之前提到过的开头的目的是一致的。

"滑梯效应"是在"第一句话"概念基础上的延伸，也就是说，要让你的读者情不自禁地阅读你的文章，从第一句到最后一句，让他们根本无法停止阅读，直到阅读完所有的文字，就像从滑梯上面滑下来一样。

书中列举了一个很精彩的案例，用来展示滑梯效应的魅力：

> 要命的臭味制造者！英国有麻烦了，英国的男人貌似不喜欢勤换内裤。调查还显示很多男人甚至一周才换一次内裤，但是我有一个很重要的问题想要问你，你多久换一次内裤？如果你与大部分的美国人一样，那么你就是每天都换。作为一个美国人，你可能比英国人使用了更多的洗涤剂。但你可能还未注意到另一件令人震惊的事情，那就是美国人浪费很严重，请看我的解释。

你是不是很容易被这段话所吸引？读完第一句，还想看看下一句会怎么说？一连串的引导，如"我有个很重要的问题想问你""你多久换一次内裤""请看我的解释",让你不知不觉就读到了最后一句,这就是"滑梯效应"。

其实,"滑梯效应"也就是我们平时说的要提高"完读率"。读者能读完你的整篇软文,就意味着文章已经抓住了他的注意力,当他读到你推荐的商品时,不仅不会抵触,还会增加些兴趣,这样你推荐的商品销售出去的概率就会很大。

关于写软文这一点,大家可以好好读读《文案训练手册》这本书,相信会得到很多启发。

进阶途径2:付费内容沉淀

当你写出了多篇爆款文章,投稿也被采用了多次,甚至还成功写出了几篇软文,这个时候,你就需要静下心来,整理或挖掘出你自己写爆款文章的技巧和心得。这些心得最开始可能是零碎的、不成体系的,比如你可以在整理自己写过的好文章时,提炼出你的选题技巧、标题套路,还有你的金句模板。这些东西你自己每天都在用,可能觉得很平常,但是对于一个爱好写作却缺乏方法和套路的人来说,是非常有价值的。这时候,你就可以将你的这些心得通过免费或付费的方式进行分享,说不定还能给你带来一笔可观的收入。

你可能会问:我该把这些零碎的写作心得沉淀在哪里呢?又

如何让别人付费呢？我给你提供一个工具——"知识星球"。它是一个知识分享的app，你可以在这里创建自己的"星球"，选择免费或付费，设置对应的价格（价格的范围是50~3 000元，根据你能给用户提供的内容价值自己衡量），填写一些基本的信息，就可以正式开始你的付费内容沉淀之旅了。你可以像在微信公众号里写文章一样，把自己总结的零碎的写作心得和写作技巧发表在这里，然后通过在朋友圈里转发，让你喜欢写作的小伙伴或者你的粉丝进入你的"星球"，付费学习你提供的内容。

进阶途径3：开设自己的写作课程

你通过不断总结写作心得、打磨写作技巧，可以整理出一套写作理论体系来，有底层逻辑、方法论、真实的案例，还能给大家提供一些切实可行的模板和小工具，这是你尝试开设写作课程的基础。千万不能只流于表面，认为学会了几个技巧、总结了几个套路，就可以随意卖弄，这是经不起推敲的，也是对别人的不负责任，还会因此而影响自己的口碑。

你必须要深究到事物的本质，找到底层逻辑。比如，你在前面的学习中，可能已经知道选题的3个阶梯（基础、进阶、高级），那它们的底层逻辑是什么呢？为什么这类选题就容易成就爆款文章呢？仔细回忆一下，你可能已经想到了，因为它们具备我们在前面讲的 10 个爆款选题元素，这些都是基于人性和人心的。正如我一直强调的：内容在变，内容的承载形式在变，但人性和人心从来没变过。

所以，有了自己的一套写作理论体系，从道、法、术、器四个方面展开，有底层逻辑，有方法论，有真实的案例，有可以拿来就用的模板和小工具，这时候你就可以筹划自己的写作课程了。

你可以寻求与一些平台合作，比如"千聊"。据我所了解的，任何人都可以在"千聊"上开一个自己的直播间，可以设置单课，也可以设置系列课，"千聊"上还有一些可以帮你传播课程的营销工具，如优惠券、邀请卡、拼团等。你可以将你的课程录制成音频或视频上传到直播间，通过"千聊"的营销工具，在朋友圈或其他渠道进行销售。

进阶途径 4：出书

一提到出书，很多人可能会觉得很难。在我们的认知中，要么特别有名，要么特别有钱，只有这两类人才能出书。其实，在互联网时代，出书也没有想象的那么难了。最难的是你去写一本书。而当你把书写出来了，剩下的就都简单了。

出书最好的路径是，整理好自己的思路，写出文稿样本之后，直接找出版社的编辑。那编辑要到哪里去找呢？首先，你要先了解出版社发掘作者的编辑平时都活跃在哪些网站和平台。常言道：先有伯乐，然后有千里马。你写出了好的作品，要有人发现才能出版。

在这里我也给你推荐一个写作平台——"简书"。这是一个网上创作社区，任何人都可以在这里进行创作，如果你的作品在这里火了，那基本上都可以出书。除了会有一些出版社编辑等待着发掘出像你一样优秀的作者外，你还可以与"简书"官方合作出书。当然，这一切的前提是你的作品是得到认可和赞赏的。

找到了有意愿与你合作出书的编辑，你就可以和他进一步聊作品了。内容的创作者当然是你，但编辑能够给予你更多关于读者需求的建议，让你的作品内容更契合读者的需要，给读者带来更多的指引和帮助。

在这里，我还特别想强调一点，就是书名的重要性。因为书名是读者判断买不买这本书的关键因素，而且书名还肩负检索功能，能够让更多的人通过关键词搜索到这本书。

所以，要想创作出一本畅销书，起书名是非常关键的一步，一定不可马虎，要多和编辑沟通、打磨，多从读者角度思考。

进阶途径 5：一对一咨询

如果你有了自己的一整套写作理论体系，并通过这个理论体系写过多篇爆款文章，那就证明这个理论体系是可行的，是经得起推敲的。这样你就算是文案写作这个行业里的高手了，至少在互联网写作上你是一个专家。除了可以通过开设写作课程、出书来服务更多的人外，你还可以提供一对一咨询服务，为对方提供有针对性的解决方案。

那么如何让对写作有需求的人找到你，进而接受你的一对一咨询服务呢？这里我也给大家介绍两个工具。

工具1："在行"。"在行"是什么？它是果壳网在2015年推出的产品。"在行"的背后逻辑并非创新，而是向前辈进行咨询。通过"在行"，用户可以约见不同领域的行家，与他们进行一对一见面约谈，获取他们的经验和建议，少走弯路。这是一种大众已经熟知的"泛知识"获取方式。

在"在行"里提供内容服务的人被称为"行家"。你可以通过提供相应信息，从官方途径申请成为写作领域的行家。成为行家之后，你可以通过远程语音服务或是线下的约见，根据咨询者的具体情况给出最优的解决方案，满足他们的个性化需求，以此来获得比较高的咨询费。

工具2："知识星球"。什么是"知识星球"？"知识星球"原名"小密圈"，是一个知识社群的app平台，是内容创作者连接铁杆粉丝、创建品质社群、实现知识变现的工具。当你在"在行"积累了一定的粉丝量，在你所在的行业内也有了一定程度的影响力时，就可以在"知识星球"开启一段新的知识付费之旅了。

附录

爆款文章的变与不变

爆款文章的社会性

在"2019新榜大会"上,出版人唐杰发表演讲时表示:"我们可能是唯一一个年营收超过2亿元的公众号。"2018年"GQ实验室"发布了280多篇10万以上点击量的推文,与超过200个品牌进行了合作,最贵的单品是一个私人发电机,价格3 000万元。唐杰没有吹牛,"GQ实验室"一年营收2亿元,的确是中国最赚钱的公众号,没有之一。

为什么"GQ实验室"最赚钱?因为它的文章受欢迎。为什么它的文章受欢迎?其中一个很关键的因素就是它善于抓住大众心理,推文的社会性极强,因此能够被迅速、大范围地传播。接下来,我就来解构写作的社会性,教你如何写出爆款文章,成为下一个"GQ实验室"。

从社会心理学角度来看，人是社会性动物，依赖社会群体而存在。人的本质决定了我们的生活总是处于个人价值取向和社会要求遵循的价值取向相互冲突的状态中。而一篇爆款文章，既要迎合受众的需要，又要具有社会性的特征。

社会性并不抽象，它指的是个体不能脱离社会而孤立生存的属性，即每个人都生活在各自的社会小圈子之中，共存于社会大集体之中；同样，每一篇爆款文章也并不是凭空产生的，它们都是社会生活的反映，是社会热点议题的聚焦和发散，是依托于社会大背景和用户大需求的产物。

那么如何写出这样的文章呢？接下来，我将结合几个案例来给大家详细阐述。

案例 1

毋庸置疑，"锦鲤"绝对是 2018 年年度热词之一。2018 年 10 月 23 日，微信公众号"今夜九零后"推送的《在这个从小躺赢到大的女人面前，杨××真的不算锦鲤……》，也是 2018 年所有"锦鲤系"文章中热度最高的，点击量突破 1 000 万，几乎刷爆微信朋友圈等社交媒体。

《在这个从小躺赢到大的女人面前，杨××真的不算锦鲤……》这篇文章又是如何创造了千万级别点击量的爆款奇迹的呢？我们透过社会背景观察发现，原来"锦鲤"话题的热度本身已经达到了一定的高度。

首先，"锦鲤"虽自古有之，但"杨××"事件却赋予了"锦鲤"新的生命力。在现象级综艺节目中逆袭出道的杨××，唱歌和跳舞并不出挑，还经常在镜头面前大哭，因为实力与人气成反比，在完全靠粉丝投票定胜负的赛制中仍能名列前三，由此被网友认为自带"锦鲤体质"。许多愤愤不平的网友甚至制作了"转发这个杨××，期末考试啥都不会也能拿第三"的表情包来讽刺她，但效果正好相反，"杨××锦鲤图"出现在了相当一部分人的朋友圈、微博首页等网络社交空间，"锦鲤"话题热度由此升温。

其次，2018年9月29日，支付宝在微博上发布了"寻找中国锦鲤"的活动，微博用户"信小呆"一跃成为"人形锦鲤"，令该话题瞬间突破2.5亿次的点击量。在微博生态圈中，"锦鲤"已经火爆全网。

再次，"锦鲤"作为调侃和希望的混合体，有一种亦正亦邪的气质，能够在短时间内击穿微博生态圈，蔓延至各大平台。商家纷纷通过微信平台，跟风模仿"锦鲤式营销"——北京锦鲤、山东锦鲤、球鞋锦鲤、美妆锦鲤陆续诞生，更衍生出"讲讲你的锦鲤附体经历"一类的微博热门话题，促进了二次传播。

最后，在社会话题热度几乎达到巅峰的时候，《在这个从小躺赢到大的女人面前，杨××真的不算锦鲤……》这篇文章抓住社会舆论焦点、紧扣社会心理痛点，把握住了人性中隐藏的渴望不劳而获的弱点，满足了"草根"阶级也可以逆袭获得成功的幻想。"今夜九零后"的这篇文章借势东风，应运而生，火爆的局面也就不难理解了。

我们从"锦鲤"话题的不断发酵中可以看出，要写出具有强社会性的文章，首先需要保持对热点的持续关注。《在这个从小躺赢到大的女人面前，杨××真的不算锦鲤……》这篇文章正是在对这一系列"人形锦鲤"信小呆、"锦鲤式营销"持续关注的基础上，找对了切入点，才最终获得了1 000万以上的点击量。因此，对热点关注必不可少，而关注热点最好的方式就是看其他平台火爆的内容，看看同行都在关注什么。

然而，抓住、抓准热点，还不足以让你脱颖而出。为什么《在这个从小躺赢到大的女人面前，杨××真的不算锦鲤……》这篇文章能够在一众"锦鲤"文章中拔得头筹？因为它抓住了社会大众的心理。

我们都知道，在社交媒体上，有关"求好运"或者"抽奖""转发得优惠券"的文章一般会被疯狂转发。但是要注意的一点是，同一篇文章在不同的社交平台上，其话题的接受度是不同的。"人形锦鲤"信小呆为什么在微博火，但在微信平台就稍显逊色？为什么"锦鲤式营销"在微信上看似挺火，但并没有达到"爆"的程度？就是这个原因。

因为在大多数人看来，微博更像是一个浏览新闻八卦的平台，就算在微博转发什么，也不会有很多好友关注到；但微信是一个社交平台，朋友圈更像是一张名片，你发的东西就代表你的层次和品位。而有关"抽奖""转发得优惠券"等内容的文章，例如信小呆、"锦鲤式营销"，事关"钱"，难免给人庸俗之感，自然不会在个人"名片"式的微信朋友圈这样的平台中被广泛传播，也就无法成为爆款。相反，"求好运"不过人之常情，这类文章并不会让人觉得庸俗，所以《在这个从小躺赢到大的女人面前，杨××真的不算锦鲤……》这样的文章引爆朋友圈也就不足为奇了。

除此之外，《在这个从小躺赢到大的女人面前，杨××真的不算锦鲤……》这篇文章还抓住了非常重要的点——"接地气"。这篇文章讲的是作者从小到大的"锦鲤"故事，包括中考、高考、就业这一系列普通人都会经历的事，十分接地气，也正是这些同阶层的人都会经历的事才会激发读者共鸣。与文章中讲述的故事相比，"杨××现象"更像是一个偶然的、小概率事件，毕竟不是所有人都会去参加选秀，更不是所有人都能长成杨××，因此，该文章比"杨××现象"更接地气，更能激发普通人的兴趣，因为普通人期待的"锦鲤"事件不是"出道"，而是"考试蒙的全对""误打误撞赚了大钱"之类的事情。

案例 2

我们来分析一下 2017 年微信朋友圈中点击量非常高的一篇文章《谢谢你爱我》——在推出 4 天后，点击量突破 5 000 万，点赞数超过 35 万，仅在朋友圈转发的次数就超过 300 万次，为公众号"视觉志"带来了约 65 万的新粉丝。这篇文章也绝对担得起微信"第一爆款文章"的称号。

起初，许多业内人士对这篇爆款文章嗤之以鼻，甚至不屑一顾，主要是因为整篇文章寥寥数语，原创文字更是少之又少，而图片占据了大部分比例。许多同行都非常疑惑：《谢谢你爱我》是凭借什么取得了 5 000 万以上的点击量的呢？而相同题材和版式的文章比比皆是、屡见不鲜，甚至配有更动人的图片、更深情的文字表述的文章也不在少数，为什么唯独《谢谢你爱我》一举夺魁、堪称奇迹？

后来有一次我偶然翻阅自己的好词好句积累本时，发现了一个当时在微博评论区排在首位的句子——"我们连愤怒都愤怒不出来"，由此联想到这篇爆款文章推送时发生的社会热点事件，顿时茅塞顿开。下面我来具体梳理一下 2017 年发生的几个负面热点事件。

2017 年 3 月，一篇《刺死辱母者》的文章迅速刷屏。女企业家苏某遭多名催款人谩骂、殴打和侮辱，事件主角于某为了保护母亲苏某，致催款人 1 人死亡，其余 3 人受伤。一时间，关于

"法"与"情"的辩论充斥了舆论场。

百日不到，6月，杭州一住户家中发生大火，女主人及其3个未成年孩子不幸殒命，究其原因，竟是保姆纵火！而这户人家待保姆极好，只是这保姆嗜赌成性，最终酿成了人间惨剧。一个美好的家庭被撕碎，还牵连3个稚童，更牵动着社会公众的心。

不久之后，刚刚大学毕业的李某通过某招聘网站找工作，却陷入传销组织的骗局，直至最后溺亡的尸体在天津静海区一处水坑里被发现……这一系列戏剧性的变化，刺痛的是社会公众的心，减弱的是人们对社会的信任感。

人祸可避，天灾难逃。8月8日，四川省北部阿坝州九寨沟县发生7.0级地震。地震造成25人死亡，525人受伤，6人失联，176 492人受灾，73 671间房屋不同程度受损。阴霾继续笼罩着社会公众的心。

最终，8月31日发生的"产妇跳楼事件"令社会的悲怆情绪达到了极点。

在这样的社会背景下，《谢谢你爱我》这篇文章所传递出来的爱与温情越发显得珍贵，将人们内心深处对美好的憧憬与希望重新唤醒，冲击着人们内心最柔软的部分。读者被群体情绪所感染，转发、分享、评论、点赞此文章、将其扩散到更多人中，这是人的社会性的体现，更是这篇爆款文章社会性的体现。

通过梳理《谢谢你爱我》成为爆款文章的原因，我总结出了以下几点写出直击社会大众心理的文章的技巧。

1. 串联相关热点事件，梳理事件脉络和大众态度。例如，《谢谢你爱我》就串联了一系列相关热点事件，通过梳理它们之间的内在联系，即发现其激怒公众的共同点，找到大众的代表性态度，如前文提及的微博评论区排在首位的那句话——"我们连愤怒都愤怒不出来"，这样就大功告成了。

其中，找到大众的代表性态度的方法，我个人屡试不爽的是在发布各大热门事件的官微平台下寻找被官方点赞的大众评论。

2. 找到社会大众的代表性态度后，需要做的就是瞅准时机，即找到公众情绪被热点事件引燃到极致的时刻。

3. 以上两点完成后，接下来要做的就是写作，而写作的切入点尤为重要。《谢谢你爱我》的切入点是用朴实但温情的语言"治愈"读者被负面社会事件践踏的心，因而受到大众的欢迎。

我们在这里可以借鉴的方法是，写作的切入点可以是一种与社会热点事件触发的大众心理相反的情绪，从而吸引大众的关注。例如《谢谢你爱我》所表现的是美好和温暖，让当时大众受伤的心获得了片刻安宁。

案例 3

意大利奢侈品牌 D&G 在上海举办品牌大秀之前，为了宣传造势，其官方媒体在社交平台上发布了几条标题为"起筷吃饭"

的广告片。但广告片中将中式餐具筷子称为"小棍子形状的餐具",片中旁白所用的"中式发音"、傲慢的语气以及模特用筷子吃比萨的奇怪姿势,均被中国网友认为存在歧视中国传统文化的嫌疑。随后,设计师斯蒂芬诺·嘉班纳在社交网站上公然发表辱华言论,引发舆论高度关注。最后,虽然 D&G 官方发布道歉视频,但中国国内舆论一致表示不能原谅其行径。

D&G 广告片辱华事件持续发酵之后,央视官方公众号第一时间发布了一个名为《筷子篇》的广告片。广告片的内容也十分简单:

妈妈用方言说的一句"我们是中国人,中国人都会用筷子"。

爷爷给孙子夹菜时的一句"好味道哦"。

被邻居请去吃饭时的一句"多个人多双筷子"。

……

这一双双筷子,承载了中国数千年的情感。

其实这个广告片是 2014 年央视春晚的一个公益广告,这次被央视官方公众号"旧文新发",借此霸气地回应一切歧视中国传统文化的行为。

从内容的角度看,不批判、不辩解,用事实来说话,态度强硬又不失大国风范,是最有力量的发声;从形式的角度看,公益广告声画同步，突破语言障碍，将筷子的正确使用方法和中国优秀传统文化精髓传达四海，是最有内涵的回击。

央视官方公众号这次"新瓶装旧酒"的方法用得十分巧妙。什么是"新瓶装旧酒"呢？事件或新闻是新的，但推送的内容是与新闻事件相关度极高的"旧文章"。然而"旧酒"其实并不旧，它本身就有经典性、代表性和可传承性，所以才能被反复装在"新瓶"之中，如"筷子"这类能代表中华饮食传统的事物。当然，也有一些"旧酒"只是旧文，只适用于当时的社会背景，而不能成为新文的核心主题。因此，使用"新瓶装旧酒"时，"旧酒"的选择至关重要。不仅要与当下新闻事件关联度高、在核心主题上相一致，还要非常经典，妇孺皆知，且被高度认同。

《筷子篇》便是在一片新浪潮的爱国声中，重新焕发了旧公益广告片的魅力，传播效果达到了质的飞跃。"内因"和"外缘"俱全，央视官方公众号的这个爆款想低调也难。

后　记

这本书是我真正意义上的第一本书，因为它几乎是我所有方法论的总结，也是我在新媒体这个赛道上交的一份作业，是我在这个行业里被人知道的开始，更是我感觉我写过的书里最好的一本。

我从 2014 年运营微信公众号以来，历经很多次的失败和被否定，最后研究了 1 000 篇爆款文章，找到了爆款选题的 10 个元素，历经多次试错，把创作文案的方法迁移到了其他平台。

后来我运营抖音、小红书、快手、微信视频号等账号，做过 5 个行业第一。取得这些成绩也是因为我相信一句话："爆款都是重复的。"我惊喜地发现小红书、微信视频号、抖音这些平台的底层逻辑居然一模一样,只是从文字变成了视频,但核心的"火"的东西没变。

这些东西,就我目前的水平来看,是所有社交平台最核心的底层方法论。我称它们为"道"。道不可泯,道传承不变。

就像《圣经·旧约·传道书》里写的一样:"已有之事,后必再有,已行之事,后必再行,日光之下并无新事。"

平台之间也并无区别。

PS:这本书原版出版一年后版权输出到中国台湾,对此我本来没抱什么希望,因为书里讲的平台在台湾并不适用,后来惊喜地发现这本书在我国台湾的评价极高,很多我国台湾地区新媒体行业内的知名人士纷纷为这本书作序宣传,甚至有好几人写了一千多字的推荐。我与他们任何一个都不相识,但因为这些文字相遇,我甚至感觉他们的评价读懂了我的心意。

"我一看书的架构,就知道作者的确是个实战派的文手……如果你也想透过写文案建立自己的影响力,这本书绝对是你极好的起点。"——李洛克/"故事革命"创办人

"关于文案赚钱,后悔太晚读到这本书……只要花几百台币

就能买到百万收入的秘密，我实在想象不到，天底下为什么有这么划算的事情。"——郑俊德／"阅读人"创办人

"这些年来我看过很多关于写作教学的书籍，可惜太多都在谈理论和概念，很难手把手地指引读者写出自己的一片天……如果希望有一本写作的参考书，我很乐意推荐吕白的这本新书。"——郑纬筌／《内容感动营销》作者，"内容黑客""Vista Cheng"网站创办人

时隔 4 年，我的读者也终于突破了百万，我也超预期实现了自己的目标。

时隔 5 年，我希望这本"好书"能让更多的人看见，因为这本书是一个山东省邹城市某某某村 184 号的小镇青年，借着新媒体这个大势改变命运的开始。

我希望你也可以。

吕白，终身内容从业者